产品管理与重塑

Product Management and Reshaping:
The Market Triggered by New Thinking

新思维引发的市场

[美] 谢德荪 著
张力军 编

中国经济出版社
CHINA ECONOMIC PUBLISHING HOUSE

·北京·

图书在版编目（CIP）数据

产品管理与重塑：新思维引发的市场 /（美）谢德荪著；张力军编 . -- 北京：中国经济出版社，2025.
7. -- ISBN 978-7-5136-8088-2

Ⅰ . F273.2

中国国家版本馆 CIP 数据核字第 20253QC171 号

责任编辑	王　絮
责任印制	李　伟
封面设计	美好城邦 Virtuous Polis

出版发行	中国经济出版社
印 刷 者	北京艾普海德印刷有限公司
经 销 者	各地新华书店
开　　本	700mm×950mm 1/16
印　　张	20
字　　数	184 千字
版　　次	2025 年 7 月第 1 版
印　　次	2025 年 7 月第 1 次
定　　价	88.00 元

广告经营许可证　京西工商广字第 8179 号

中国经济出版社 网址 www.economygh.com 社址 北京市东城区 安定门外大街 58 号 邮编　100011
本版图书如存在印装质量问题，请与本社销售中心联系调换（联系电话：010-57512564）

版权所有　盗版必究（举报电话：010-57512600）
国家版权局反盗版举报中心　（举报电话：12390）　　服务热线：010-57512564

· 前言 ·

做好产品管理，产品才能取得成功。产品经理是主导产品团队、针对特定的产品制定并实现相关目标的人员——因此对产品的成败至关重要。产品要取得成功，都有哪些要素？1975 年，Altair 8800（牛郎星 8800）面世，这是世界上第一款个人电脑。它给人们带来了诸多惊喜，第一年的销量就超出了预期。但 Altair 8800 从未在个人电脑市场中获得一席之地，而且没几年就销声匿迹了。在你看来，这算得上是一款成功的产品吗？Apple II（第二代苹果电脑）开辟了个人电脑市场，苹果电脑的销售额也从 1977 年的 77 万美元增长到 1980 年的 1.18 亿美元。Apple II 一直在个人电脑市场中独领风骚，直至 1981 年 IBM 公司推出了 IBM PC（IBM 个人电脑），并迅速占据了领先的市场地位。到了 20 世纪 80 年代中期，Apple II 和下一代的 Apple III（第三代苹果电脑）在个人电脑市场中几乎没有什么存在感。那么在你看来，Apple II 算得上是一款成功的产品吗？

在计算机行业，大多数专业人士都认为 Apple II 是一款成功的产品，而一部分人可能觉得 Altair 8800 算不上成功。在我看来，这两款产品都是成功的，只不过成功的程度不一样。正是 Altair 8800 启发斯蒂夫·盖瑞·沃兹尼亚克（Stephen Gary

Wozniak）开发出了 Apple I（第一代苹果电脑），虽然 Apple I 与 Altair 8800 比较相似，但它还是有所改进。后来，斯蒂夫·盖瑞·沃兹尼亚克和史蒂夫·乔布斯（Steve Jobs）在 Apple I 的基础上进行改进，推出了 Apple II，由此真正叩开了个人电脑市场的大门。Altair 8800 的成功之处在于它为一个崭新的产品类别确立了一个初级的细分市场，它的成功也吸引了一批客户迈进这个细分市场。虽然它未能进一步扩大市场份额并占据强有力的市场地位，但它的成功为个人电脑的兴起奠定了基础。

我认为产品的成功分为两个层次：**很酷的产品**和**优秀的产品**。很酷的产品在刚被推向市场时能让消费者心潮澎湃，但很难持续地维持其市场地位，而优秀的产品则能够在很长的一段时间内保持稳固的市场地位。产品的生命周期、所占据的市场份额以及产品在其生命周期中所获得的利润决定了产品的成功程度。成功的产品一定是可盈利的、能够长期主导市场的产品。

产品的成功还有另一个层次，我称之为**伟大的产品**。伟大的产品会被其他人"理所当然"地当作基石并在认可其价值的基础上开拓新的业务——它是创新的源泉，也是新市场的根基。很酷的产品能让人们看到一种激动人心的新可能，不过市场还不大，其他人在其基础上进行改进，可以得到优秀的产品。优秀的产品能够提高企业的竞争力，而伟大的产品不仅能让一家企业持续发展，甚至能推动整体经济的增长。

Altair 8800 属于很酷的产品，Apple II 则属于优秀的产品，后者是在前者的基础上改进而来的。吉列剃须刀从 1917 年起便称霸安全剃须刀市场，一直都有着良好的利润率，它就属于一款优秀的产品。共享经济领域中的很多新业务（如优步打车、来福打车和爱彼迎民宿等）以及很多线上派递服务（如快速物流跑腿员、优食送餐等），它们的经营者都"理所当然"地认为大多数消费者拥有智能手机，由此在苹果和安卓系统手机的基础上发明了自己的新业务，这些新业务能够推动整体经济的增长。因此，iOS 和安卓系统这两种操作系统都属于伟大的产品。

产品经理在产品升级换代中的作用

我们所熟知的每一种产品都会随着时间的推移和社会的进步升级换代。产品升级换代的起点是把一个产品创意变成一款实实在在的产品，并且被足够庞大的消费者群体接受，我将这一阶段称为"从 0 到 1 的产品创新"。随着时间的推移，产品在其特点、功能、质量、配置、技术等方面不断升级，以便更好地实现其目的，更好地服务于客户需求，从而扩大其市场份额，我将这一阶段称为"从 1 到 N 的产品扩张"。产品要在"从 0 到 1 的产品创新"这一阶段取得成功，关键就是把很酷的产品变成优秀的产品。产品要在"从 1 到 N 的产品扩张"这一阶段取得成功，就要提高市场竞争力、保持收益率、延长产品的生命周期，并且在此过程中不断地让优秀的产品变得更好，将产品从优秀升级到伟大。产品经理的主要职责就是主导一支跨部门的团队，在产品升级换代取得成功的过程中进行管理。

麦金塔电脑（Macintosh）有一段十分有趣的产品换代史。一开始它只是一款很酷的产品，而后历经曲折，变成了优秀的产品，最后变成了伟大的产品。纵观历史，不同的产品经理在不同的阶段决定了产品的成功。

麦金塔电脑于 1984 年面世，有着让人尖叫的图形用户界面。

当时为了配合麦金塔电脑的发布,公司做足了振奋人心的广告宣传,这让它的初期销量扶摇直上。但短短几个月后,其销量便急剧下降,从此每况愈下。麦金塔电脑的产品经理史蒂夫·乔布斯不得不在1985年从苹果公司卷铺盖走人。

约翰·斯卡利(John Sculley)接手了乔布斯的工作,通过开辟桌面出版市场(这正是麦金塔电脑的强项所在)让麦金塔电脑扭亏为盈。到1990年,麦金塔电脑在全球个人电脑市场中已占据8%的份额。然而,斯卡利没能将麦金塔电脑扩张成主流的个人电脑,并且随着市场竞争的加剧,麦金塔电脑的市场份额不断流失。1993年,斯卡利也辞职了。

麦金塔电脑的销售业绩一路下滑,以致苹果公司陷入财务困境。1997年乔布斯回归苹果公司并接手麦金塔电脑时,其市场份额已跌至3%,并且还在不断下滑。乔布斯将麦金塔电脑迭代成iMac(苹果一体机电脑),它有着独特的设计,并提供了先进的、高度一体化的用户体验。这让苹果公司扭亏为盈,但iMac的市场份额仍在下滑(尽管下滑得较慢)。

2001年,iMac的市场份额约为2.4%。这一年,乔布斯成功地推出了iPod(苹果数字多媒体播放器),这是苹果公司起死回生的转折点。就在那个时期,手机行业也出现了一个拐点,手机正慢慢向智能手机演进,这就需要一种强劲而先进的操作系统。乔布斯把握住了这个机会,他将iPod所体现出的手持设备概念与缩小版的iMac珠联璧合,创造出了iPhone(苹果手机)——一款彻底颠覆了智能手机市场的产品。通过开放式开发其应用程序,iPhone从一款优秀的产品演变成一款伟大的产品,这让如今几乎每一个人都拥有了智能手机。

可以看到，在这一升级换代史中，乔布斯成功地推出了麦金塔电脑，一开始它只是一款很酷的产品，乔布斯并未能将它从很酷的产品变成优秀的产品，这一步是由约翰·斯卡利实现的。而在麦金塔电脑从 1 到 N 的产品扩张这一阶段，斯卡利也表现不佳，是乔布斯将麦金塔电脑迭代成 iMac 才扭转了乾坤。随后，乔布斯成功地推出了 iPod，并成功地将它从很酷的产品变成了优秀的产品。而后，乔布斯通过结合 iPod 和 iMac 从 1 到 N 的产品扩张经验，促使 iPhone 横空出世。在乔布斯的主导下，iPhone 又从优秀的产品演变成了伟大的产品。麦金塔电脑从很酷的产品升级到优秀的产品，最后到伟大的产品这一系列过程中，担任产品经理角色的史蒂夫·乔布斯和约翰·斯卡利在不同的阶段发挥了重要的作用。

关于本书

论述产品管理的好书很多，这些书的主题大都离不开如何打造让消费者喜爱的产品，并且是由有过成功产品开发经验的创始人或产品经理撰写的。他们从产品开发的过程中总结出隐性知识，指导他人开发出优秀的产品。本书则独辟蹊径，其基础是我在斯坦福大学开设的一门产品管理课程。由于科技日新月异及其他外部事件的影响，产品经理扮演的角色不断变化，也会因行业、公司规模、地理区位等有所不同。然而，产品取得成功的基础逻辑是不变的，这适用于所有的行业、不同规模的公司以及不同的地理区位。

要成为一名成功的产品经理，你需要掌握产品取得成功的理论基础，拥有在工作中获得隐性知识的能力、将理论运用到具体情境中的能力以及在产品迭代的阶段中取得成功的机会。我至今仍在斯坦福大学讲授的课程分为两大方向：理论方向和实业方向。理论课程由每周一次的讲座组成，讲授在产品升级换代的每个阶段（从 0 到 1 的产品创新和从 1 到 N 的产品扩张）中取得成功所依据的理论基础。实业课程也由每周一次的讲座和讲习班组成，讲习班的老师是成功的产品经理和行业专家，他们会和学生分享他们将理论应用于实践的经验，以及在产品取得成功的管理过程中积累隐性知识的经验。

产品取得成功的理论基础包括两个重要主题。第一个主题是，在产品升级换代取得成功的每个阶段对风险的管理。产品经理需要面对的风险有两类：未知风险和已知风险。在从 0 到 1 的产品创新阶段，风险来自完完全全的未知（如产品会不会有市场、竞争者会有谁，等等），而且这种风险是不可量化的，因为这是一次性的事件，无法通过统计学来量化。在从 1 到 N 的产品扩张阶段，风险来自可借助统计学建模和量化的市场竞争，以及常规的预期成本 - 收益权衡。但是在从 1 到 N 的产品扩张阶段，也可能出现拐点，从而导致产品经理不得不应对不可量化的风险。

第二个主题是，消费者购买的不是产品，而是产品所要传递的价值主张。换句话说，产品只是一种手段，传递价值主张才是最终目的。然而，为了让消费者接受产品想要传递的价值主张，必须创建一个合适的生态系统。比如，一款汽车要传递"安全出行"的价值主张，就需要有配套的道路基础设施、加油网络、交通法规、驾驶员培训学校等，一同为实现这一价值主张提供支撑。

一个新的价值主张要在市场上被消费者接受，需要有足够多的消费者为这一价值主张买单，同时在其生态系统中有足够多的经济主体为这一价值主张的实现提供支撑，并能够从中获利。需求方和供给方一同构成了产品的生态系统。在从 0 到 1 的产品创新阶段，产品能否取得成功取决于是否采取过程管控，以减少不可量化的风险，从而创建和打造一个可持续的新生态系统，并使得这一生态系统下的参与者都能获得净收益。因此，在从 0 到 1 的产品创新阶段，竞争点并不在于产品本身的属性，而在于创建更强大的生态系统去支撑产品价值主张的实现。在从 1 到 N 的产品扩张阶段，支持体系已建设到位，人们对此也认同，产品类别对于价值主张的传递就会起到关键性的作用。因此，在从 1 到 N 的产品扩张阶段，竞争推动着产品经理对产品类别属性进行改良，从而提升其价值主张，并从产品设计和产品特色入手，制造差异化。从 1 到 N 的产品扩张阶段可能会出现拐点，这就要求产品经理转向从 0 到 1 的产品创新阶段，以应对新的情况。

我已经论述了产品创新的两个阶段：从 0 到 1 的产品创新阶段和从 1 到 N 的产品扩张阶段。从 0 到 1 的产品创新能够将很酷的产品变成优秀的产品，这也会是一个充满曲折的过程。这一过程始于一个新的价值主张、新的理念，而且它能为社会创造价值。下一步是验证这一新理念，然后将新理念落实为会有很多消费者买单的产品。在这一过程中，产品经理需努力减少不可量化的风险，并打造一个强有力的生态系统来支撑产品的价值主张。

从 1 到 N 的产品扩张是一个截然不同的过程，它包含两个步骤。第一步的重点是改良产品的属性，从而强化产品的市场地位。第二步的重点是，利用产品强有力的市场地位，将优秀的产品转化为伟大的产品。并非所有产品都能实现从优秀到伟大的蜕变，有的产品只能止步于优秀的产品。

本书将引导读者以这两大阶段作为切入点，详述如何管理不可量化的风险，以及如何在产品升级换代的过程中建立起强有力的生态系统。书中将通过大量的案例研究进行说明。本书的理论也可用于解读历史事件，你可能会得出惊人的结论。本书也兼顾了正反两面案例，从而帮助读者领悟产品取得成功所依据的理论基础。书中的案例包括价值主张相同但所处时代不同的产品、价值主张相同但所在国家不同的产品、分别由初创公司和大型企业进行的从 0 到 1 的产品创新以及来自不同行业的产品。这些案例将说明产品取得成功所依据的理论基础是不变的，它适用于所有的行业、所有规模的公司以及所有的地理区位。

本书的第一章区分和定义了不同层次的产品成功：很酷的产品、优秀的产品以及伟大的产品。该章还采用了一个基于"抢眼点－支撑动态交互"的模型来说明产品的酷、优秀和伟大是怎样炼成的。第二章提出了若干方法，指导你快速构思出有潜力转化成优秀的产品的创意。其要旨是，先从产品的价值主张入手，而非着眼于产品创意。第三章介绍了设计思维，将之视为一个互动过程，以理解用户需求、挑战既定假设、重新定义问题，以此来确定最初可能比较模糊的策略和方案。该章还论述了在产品管理的过程中，如何将设计思维作为框架，用以管理不可量化的风险。第四章到第六章涵盖了从 0 到 1 的产品创新阶段，要旨仍是管理不可量化的风险。方法是，通过尽可能少的投入学到尽可能多的东西，然后通过迭代发掘出正确的方案，最后再制订执行计划。我将这一过程称为迭代式发现和实施周期。当公司面临新情况时，产品经理应将这一过程应用于从 0 到 1 的产品创新阶段。在从 0 到 1 的产品创新阶段中，竞争的重点是运用迭代式发现和实施周期，创建一个强有力的生态系统，从而支撑产品的价值主张。第七、八章论述的是从 1 到 N 的产品扩张阶段，其中第七章讲论通过产品改良强化其市场地位，第八章讲论从优秀的产品到伟大的产品的升级换代。一款产品能够取得成功，说明其价值主张已经得到了众多消费者的认同。市场上的后来者不必担心产品价值主张方面的风险——其面临的主要风险是市场竞争。如果一个后来者能够管理好这种风险，那么它在市场上将很快占据一席之地。第九章论述了产品经理须具备的正确心态，通过制定良好的战略争取到有利的机会，从而顺利进军成熟市场。

产品管理教学

本书是我在斯坦福大学的"产品管理概论"课程的教科书。在每一章的结尾，我都会罗列出一些问题供大家探讨。这些问题可引导学生将自己从每一章中学到的理论知识应用于实际情境。在上课前，我会让学生分成学习小组，自行阅读每一章并讨论章后的问题。在课堂上，我会要求学生发表自己的观点和看法。斯坦福大学采用学季制，每一学季持续 10 周。我们每周有两次讲座，在每一周的第一次讲座上，我会讲授一章的内容，而第二次讲座则由特邀演讲者（通常是行业中的产品经理）来讲，他们会基于当周的授课资料讲论实践层面的知识。该课程还会让学生分成学习小组来完成一个课题。在 10 周内，每个小组都要提出自己的产品创意，并将其转化成有市场的、从 0 到 1 的产品创新，或者针对已有的产品提出从 1 到 N 的产品扩张创意，以扩大产品的市场地位。通过这样的课题，学生可将课堂所学应用到实际项目中。在第 9 周，我们会组织一次讲习班，探讨产品经理职位的面试。

在第 10 周，每个小组都要展示自己的产品，并对它进行实际的市场验证。

本课程面向斯坦福大学的研究生和本科生（主要为大三及大四学生）开设。非斯坦福大学的校外学员也可通过斯坦福专业发展中心（SCPD）修读本课程。SCPD 的学员主要是工程师、数据分析师和其他有兴趣从事产品管理或创业的职场人士以及一些产品经理。他们中的很多人都没有接受过正规的产品管理培训，以往只能在工作当中摸索相关的技能。他们想补习一下做出成功产品的理论基础，从而更好地提升自己，以应对这个日新月异的世界。

鸣谢

我要感谢斯坦福大学管理科学与工程系，在我写就本书的过程中，它为我提供了有利的环境和资源。我要特别感谢尼古拉斯·班博斯教授（Professor Nicholas Bambos）和玛格丽特·布兰多教授（Professor Margaret Brandeau），是他们鼓舞我担任本系的产品管理概论课程讲师。每一章结尾的讨论问题，有很多是助教们协助我完成设计的。我要感谢我的助教——劳尔·奥弗代克·吉巴尔（Raul Overdijk Girbal）、克里什·切利卡瓦达（Krish Chelikavada）、格雷格·索（Greg Soh）、贾斯廷·盖勒·卢伊（Justin Gai-Leun Lui）和科里·加埃塔诺·贝克（Corey Gaetano Baker）。在我整个写作过程中，他们及时阅读了每一阶段的书稿，并协助进行改进。几位在职项目经理对本书提出了有见地的评论意见，在他们的斧正下，本书的最终版得以付梓。他们是阿迪蒂亚·沙拉帕利（Aditya Challapally）、莱斯利·巴里（Leslie Barry）、劳拉·马里诺（Laura Marino）和桑迪普·艾亚尔（Sandeep Ayyar）。

我要感谢我的妻子蔡美媚（Mimie），感谢她对我的鼓励和耐心。我也要感谢我的学生，他们在课堂上的积极参与、在产品开发课题上的创造性工作，为本书终版书稿的成形提供了有效的反馈。

最后我要感谢源创新理论的推动者张力军先生和执行者张晓芬女士，因为你们，这本书得以在中国出版。你们的付出和坚持让我感动，有你们作为我的朋友和合作伙伴，我很欣慰。再次由衷地感谢为此书的出版付出的每一个人。

目录

| 第一章 |
新思维引发新市场　　　　　　　　001

| 第二章 |
解锁"产品管理创新定义"　　　　031

| 第三章 |
产品创意的落地及解决方案　　　　059

| 第四章 |
精益创业、原型产品的创新设计　　089

| 第五章 |
数据洞察、析量和模型的构建　　　127

| 第六章 |

产品进阶之旅　　　　　　　　　　　161

| 第七章 |

从 1 到 N 的产品扩张　　　　　　　199

| 第八章 |

从优秀到伟大　　　　　　　　　　237

| 第九章 |

永不言败　　　　　　　　　　　　271

参考文献　　　　　　　　　　　　　295

参考书目　　　　　　　　　　　　　298

第一章

新思维引发新市场

新产品相当于公司的血液，一家成功的公司生产的新产品可改变人们未来的工作和生活方式。我们开创未来的一种方式正是对产品进行创新，通过推出新的产品来改善我们的工作和生活方式。彼得·蒂尔（Peter Thiel）在其作品《从0到1：开启商业与未来的秘密》（*Zero to One: Notes on Startups, or How to Build the Future*）中阐述了其开创未来的思维模式。每一次我们从无到有地发明了一款产品，就是一次从0到1的创新。将一个全新的产品类别带入市场，就是一个从0到1的创意产品开发过程，而在已有的基础之上开拓，则是一次从1到N的创新。立足现有的产品类别，引入新的版本或进行改良实现既有产品的升级换代，就是一个从1到N的创意产品开发过程。无论是从0到1还是从1到N，推出一款创意新产品的过程都是开拓性的、有风险的，同时也是充满惊喜的。从0到1的产品创新主要特点是：这类创新是独一无二的，其过程具有路径依赖性，结果难以预测，甚至意想不到。

一款很酷的产品一开始取得了巨大成功，随后在短时间内丧失其市场地位，这样的案例在过去不胜枚举。举例来说：

·微型仪器与遥感测量系统公司（MITS）在1975年推出了第一款个人电脑Altair 8800，一经推出立马赢得了年轻电子发烧友和软件高手的青睐。在个人电脑界，人们普遍认为Altair 8800点燃了微型计算机革命的火花。然而，Altair 8800的出现及其扩张过程却从未令其在早期的个人电脑市场中赢得一席之地，以致MITS因资金困境于1977年被珀泰克计算机公司（Pertec Computer Corporation）收购。

·20世纪80年代早期，所有个人电脑配备的都是文本用户界面，当时的个人电脑市场是IBM PC的天下。后来，史蒂夫·乔布斯推出了麦金塔电脑。这是一款革命性的新型个人电脑，配备的是图形用户界面，其目标是撼动IBM PC的市场地位。麦金塔电脑的图形用户界面从一开始就受到了人们的广泛关注，自1984年1月22日发布后，初期销量扶摇直上。然而，1984年下半年，麦金塔电脑的销量急转直下，与此同时，IBM PC的表现依旧很强劲。

·2012年，Pebble智能手表一经推出便在智能手表市场中引起了轰动。截至2013年12月，Pebble智能手表卖出了30万部；截至2014年12月31日，卖出了100万部。然而，推出该款智能手表的Pebble Technology公司在2016年12月7日申请了破产，其大部分资产被Fitbit公司收购，员工也被并入。

很多人认为，在产品创新的过程中掌握先发优势很重要，然而历史告诉我们，事实并非总是如此。在个人电脑这一全新产品类别的开发过程中，Altair 8800是先发者，而1977年推出的Apple II却第一次在个人电脑市场中拥有了强有力的地位（此时距离Altair 8800的问世已经过去了两年）。四年后的1981年，IBM公司推出了IBM PC，问鼎这一市场。这是一款从1到N的产品，彻底变革了个人电脑行业。麦金塔电脑是图形化操作系统的先发者，而主导这一市场的却是后来居上的Windows视窗操作系统。Pebble智能手表是智能手表市场的先发者，但Apple Watch才是更成功的后来者。不过，并不是所有的先发者都会输给后来者，比较引人注目的例子包括亚马逊的在线购物平台和思科（Cisco）的路由器。

在你计划推出一款新产品的时候，最具威胁性的竞争对手很可能是你意想不到的。如果你没有成功，人们便不会在意；如果你成功了，大量的竞争对手便会涌入这一行业，其中一定会出现一个竞争对手，对你构成最大的威胁。它可能是一家初创公司（如Altair 8800案例中的苹果公司），也可能是相关行业里的成熟公司（如Apple II案例中的IBM公司）。有时，最大的威胁并非来自行业内部，而是来自你无法掌控的外部事件。例如，新冠疫情对优步打车、来福打车、爱彼迎民宿以及线下娱乐和酒店行业相关产品都构成了最大的威胁。

成功推出一款新产品之后，你可能会认为通过在短周期内推出新一代的改良产品，即可维持你的市场地位。然而历史告诉我们，你无法指望这种一次性的成功来维持你的市场地位，竞争对手会从完全不同的角度来取代你。20世纪90年代，摩托罗拉手机主导了手机市场。20世纪90年代末，摩托罗拉的市场份额开始让位于诺基亚。2003年，摩托罗拉推出具有独特翻盖设计和轻薄外形的摩托罗拉刀锋手机（Motorola Razr），它被定位为专属时尚手机，并且取得了成功。刀锋手机的成功让摩托罗拉的手机部门扭亏为盈，在接下来的四年里，这款手机卖出了1.3亿部，一跃成为世界上最畅销的翻盖手机。摩托罗拉又继续推出了刀锋手机的升级换代版本，在设计上也有了进步，但是超薄翻盖设计在功能丰富的触屏设计面前丧失了吸引力。终于，在21世纪第一个十年的末期，摩托罗拉失去了其市场份额。

每一款产品的背后，都有一个人来主导产品团队，将技术和设计结合起来，解决消费者的现实问题，同时满足商业需求。这个人可以是产品经理，可以是初创公司的首席执行官，也可以是公司内部其他人。产品经理要对产品的长期发展和业绩负责，他的价值取决于产品的成败，而不是设计作品的产出量。成功的产品经理可以晋升为公司的首席执行官，或者成为新的初创公司的创始人。成功的初创公司有可能被更为成熟的公司收购，而后，初创公司的首席执行官可能会在成熟公司里担任产品经理。

产品经理的主要职责是，进行正确的风险管理，从而在从 0 到 1 的产品创新阶段和从 1 到 N 的产品扩张阶段平衡风险和收益。虽然在从 1 到 N 的产品扩张阶段，产品经理面临的一些风险是可以通过统计学量化的，但是在从 0 到 1 的产品创新阶段，产品经理面临的很多风险都是不可量化的：其成果是唯一的，无法通过统计学量化。在这些风险之下产品将取得什么样的成果，产品团队、营销团队、销售团队以及消费者都起着举足轻重的作用，因此，成功的产品经理需要具备正确的思维、核心的技能，管理好可量化和不可量化的种种风险。

从 0 到 1 的产品创新

在从 0 到 1 的产品创新阶段，产品经理可能面临两种风险：第一种风险是，开发出来的产品没有市场；第二种风险是，开发出来的产品成功地打开了市场，但无法维持其市场地位。在这一阶段，产品存在两种层次的成功：第一个层次是开发出了很酷的产品，第二个层次是开发出了优秀的产品。很酷的产品可以吸引人们大量的关注，并让人们为之兴奋，但未能实现盈利并维持其市场地位。其中存在两种可能：一是开发出的产品像流星一般，有着短暂而耀眼的光芒，而后便迅速消失在行业中；二是人们对产品的关注吸引来了更多的投资，从而进一步拓展了市场。

换句话说，很酷的产品激动人心、喜爱者众多，但在财务上它无法自我维持。优秀的产品在问世之初或许会取得巨大成功，或许不会，但它能够在较长的时期内稳步建立起强有力的市场地位，从而收回开发阶段的投资成本。之所以说很酷的产品也是成功的，是因为虽然它未能打开市场，但它激起的兴奋会给其他人灵感，从而在这一产品的基础上缔造出优秀的产品。

要降低产品没有市场的风险，在启动产品开发流程之前，产品经理就需要弄清楚新的产品类别是否会被某一细分市场接受，以及开发这一新产品类别所需的最少付出是多少。要降低产品无法维持其市场地位的风险，产品经理就需要理解一些基本原理：是什么构成了很酷的产品，是什么构成了优秀的产品，以及如何让很酷的产品升级换代，成为优秀的产品。

在从0到1的产品创新阶段，产品经理需要的是创新思维。创新思维是思想和信念的集合，它塑造了一种通过寻找新方法来实现理念的思维习惯。创新思维的出发点是，思考如何为社会创造新的价值。价值主张是对价值的一种承诺，而这一价值将被认可和传递。它也是一种信念，即价值将如何被传递、体验和获得。价值主张可视为一种愿景，其倡导者可以是一个国家、一个地区、一个行业、一个机构或者一款产品等，产品经理所要关注的应是产品。

产品的价值主张就是如何通过产品的使用传递出其价

值，从而解决某个具体的问题。那些相信解决了某个具体的问题可以给他们带来效益的人，就会为相应的价值主张买单；而那些不信的人就不会买单，甚至会抵制和反对这一价值主张。

那些为价值主张买单的人就构成了**需求侧**。那么，供给侧由谁来构成呢？举例来说，要实现一辆汽油车的价值，让它成为提供便利、安全和舒适出行体验的交通工具，我们就需要有铺好的公路、加油站的站点网络、交通规则、修车厂、快餐连锁店以及诸多其他产品或服务——它们不一定直接相关，但能够与这辆汽车的价值主张相辅相成。提供这些产品或服务的就是**供给侧**。

通常，除了产品本身，我们还需要配套的基础设施来有效地促进交流、生产和分销；政府的政策与法规将提供约束力，引导或保障交易的公平；一些技术可提供新的可能性；一些产品或服务能够起到互补的作用，让客户体验到一种价值主张意图传递的价值。产品、配套的基础设施、政策与法规、能够传递出一种价值主张的技术以及互补的产品或服务，这一切的集合就叫作这种价值主张的"**支撑**"。在某一给定时刻，产品的属性、配套基础设施的状态、具体的政策与法规、相关技术的状态、与其互补的产品或服务的属性值和价格，这一切构成了一种价值主张在该时刻的"**支撑结构**"。支撑结构决定了产品在给定成本下所能带来的效益水平。如果产品拥有强大的支撑结构，就意味着它拥有很高的效益成本率。一种价值主张的供给侧，就是能够为其提供支撑的政府、产品研发公司和供应链以及其他与其互补的产品等这一切的集合。

供给侧成员和需求侧成员的集合，就构成了一个**生态系统**，支撑着一款产品的价值主张，简称产品的生态系统（见图1-1）。

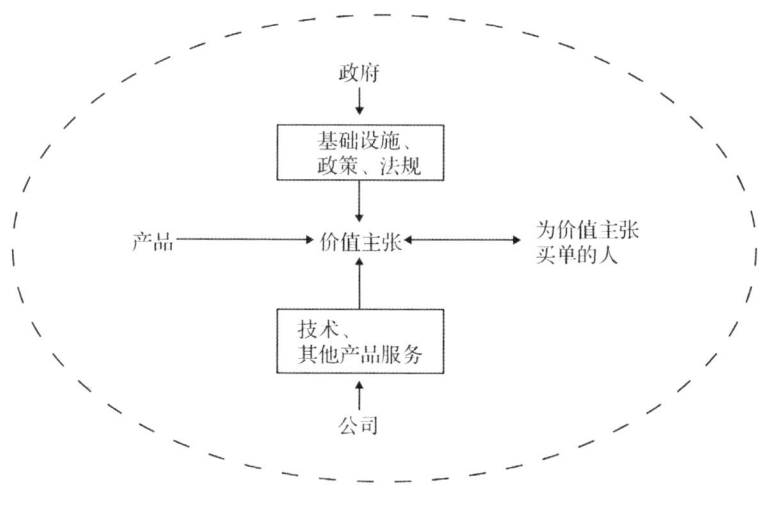

图1-1　产品的生态系统

<u>支撑产品的生态系统</u>

从0到1的产品创新阶段收尾于一款产品的发布，它能够传递出人们未曾体验的全新价值主张。正因如此，产品开发者很难预料需求侧的构成会是什么。他们也许会认为，产品的价值主张将受到众多消费者的青睐，但结果可能事与愿违。其中的原因可能是，人们并不相信新的价值主张能够为他们解决问题，给出更优的方案，或者早已习惯了解决问题的老方法，不愿学习新方法。即便新方法也许更好，有些人依然拒绝使用并劝阻他人使用，其原因可能是，相应的支撑还不完善，或者还很羸弱——互补的产品缺失或过于昂贵、基础设施不完备、所需的技术还未到位——能够带来的效益程度太低，无法吸引他们。因此，产品开发者很难预测新产品会不会有市场。在 0 到 1 的产品创新阶段，产品开发者应该先提出一种新的价值主张，经过研究和验证后，打造出一个可持续的生态系统，同时让生态系统中的成员都能获取收益。

老子是中国春秋时期极具影响力的哲学家之一。他提出的"有生于无"源于阴和阳这两极的协同效应。这一效应被称为阴阳交互。这一变化可用图 1-2 表示。

图 1-2　阴阳图

阴通常代表柔弱、阴暗、阴冷、抽象和被动的事物，而阳通常代表坚强、阳光、温暖、真实和主动的事物。没有纯阴或纯阳的事物。阴中有阳，阳中有阴，两者相互依存。阴和阳不是一成不变的，会随着时间不断变化。两者的动态交互表现为：若阴过剩，就会刺激阳的产生（物极必反），反之亦然。在阴阳图里，白色的部分代表阳，黑色的部分代表阴。旋转表示阴阳的动态交互，两者是此消彼长的关系。每一个部分中的小圆圈表示阴中有阳、阳中有阴。阴和阳是组成整体的两半。完整的事物是静态、无变化的。当整体被分割成了不对等的两半时，整体的平衡就会被打乱，此时就会触发阴阳交互，从而找到新的平衡。因此，阴阳是事物从无到有创生的起点。

回到从 0 到 1 的产品创新，其中的两极就是理性和感性。理性为阴，感性为阳。当一款新产品带着全新的价值主张面世时，一开始消费者并不知道自己能够从这款产品中获得什么收益。此时驱动消费者购买产品的是感性，而非理性。**抢眼点**，是指能够吸引人们兴趣的、令人兴奋的元素。一款产品的抢眼点，是指它能够让人们兴奋的地方，也就是其价值主张得以实现后，能够解决人们的哪些痛点、能够如何改善人们的生活或提高人们的效率。产品的发布及宣传资料能够给予人们感性上的吸引力，而非理性上的，这类资料就是产品的抢眼点。抢眼点能够吸引人们为产品买单，同时刺激供给侧的各经济主体为其提供支撑结构。然而，人们购买和使用产品后能否获得预期的收益，这取决于产品价值主张的支撑结构。如果支撑强劲，产品就有市场，供给侧和需求侧都能从中获得净收益；如果支撑羸弱，企业则可依据市场反馈改良产品，通过奖励机制吸引更多的经济主体来为其提供更为有力的支撑。如果其抢眼点和支撑的动态交互能够创生出一个可持续的生态系统，让其中的主体都能获得净收益，那么这款产品就是一款优秀的产品。如果不是这样，那它只能算很酷的产品。抢眼点－支撑动态交互模型可用图1-3表示，虚箭头符号表示的是支撑从弱到强的动态变化，对应的产品也从很酷变为优秀。

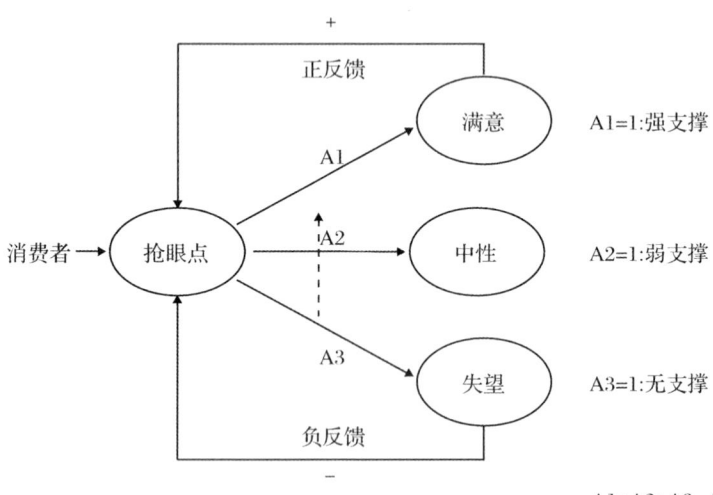

图1-3　抢眼点－支撑动态交互模型简图

抢眼点 – 支撑动态交互模型，可用于指导从 0 到 1 的产品创新，从而将很酷的理念转变为优秀的产品。如图 1-4 所示。

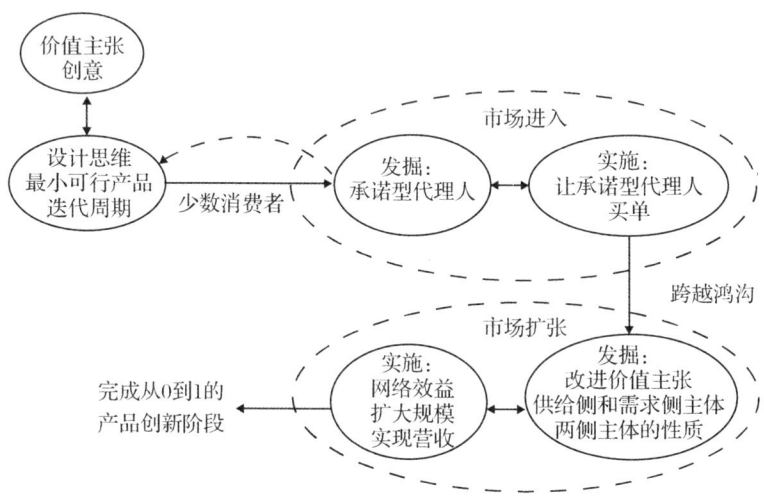

图 1-4　从 0 到 1 的产品创新

从 0 到 1 的产品创新：管理不可量化的风险

在从 0 到 1 的产品创新阶段，产品经理需要面对很多不可量化的风险。产品是传递一种价值主张的手段。从 0 到 1 的产品创新始于一个理念、一种新的价值主张，下一步是将这一理念转化为人们乐于接受的产品。由此，第一个主要的风险就是有没有人愿意为这一价值主张买单。要应对这种不可量化的风险，可以运用一种叫作"**最小可**

行产品"迭代周期的设计思维,先做出一个产品,让少数有远见的消费者接受。下一步要面对的风险,是让足够多的消费者为你的价值主张买单。

消费者和经济主体可分为两类:**忠实的主体**是有远见的、感性的,在没有看到实际的效益之前,也愿意尝试新事物;**投机的主体**则是讲究实际的、理性的,只有在看到有人从中实际获益后,才会尝试新事物。开始的时候,你可以先聚焦于第一类群体,瞄准一个细分市场。你所锁定的细分市场的群体,就是在最小可行产品迭代周期里愿意买单的少数消费者。这一市场进入的阶段包括在你瞄准的细分市场里发掘忠实的主体,然后制订一个实施计划,让这些忠实的主体买单。等产品获得一定的关注后,将有新的公司进入这一市场,并推出价值主张相同或相似的产品。这些新公司将有助于吸引更多的消费者为你的新价值主张买单,同时有助于吸引忠实的主体来支撑你的价值主张。这些初期进入的公司更像是你的合作伙伴,而非竞争对手。当越来越多的消费者为你的价值主张买单后,市场的结构就会开始发生变化。曾经的合作伙伴变成了竞争对手,大型的成熟公司也会依托强大的财务支持,试图提供类似的价值主张,或者提出更具竞争力的价值主张。面临这样的市场结构变化,产品经理就需要调整其市场扩张策略,采取其他新发现或新实施路径,构建起强有力的生态系统,应对价值主张之间的竞争。从市场进入阶段到市场扩张阶段的转变，要伴随产品经理思维上的同步转变，即从瞄准忠实的主体转变为瞄准投机的主体。这一过程犹如跨越一道鸿沟。

接下来的几章将逐步论述这一过程中的每个环节——详细介绍如何管理不可量化的风险，将创意转变为很酷的产品，再让很酷的产品升级为优秀的产品。

从很酷的产品升级到优秀的产品

MITS成立于1969年，创始人是一群在空军的武器实验室有工作经验的工程师。他们的初衷是利用自己的电子学知识开发一些小玩意儿，比如为模型火箭爱好者开发无线电广播发射机和其他仪器。这一商业模式并不太成功，于是在1970年，MITS转向计算器套件的开发业务。该公司开发的第一款计算器产品MITS 816配备了芯片组，并荣登1971年11月号的《大众电子学》（*Popular Electronics*）。MITS在计算器套件开发业务上取得了成功，其产品主要通过电子学杂志销售，比如《大众电子学》和《无线电电子学》（*Radio Electronics*）。这类刊物刊登了很多新型电子产品项目，很能吸引电子爱好者的眼球。1974年，《大众电子学》新任命的编辑想刊登一些与新型微处理器相关的项目。当时，MITS正投入于一个基于英特尔8080处理器的微处理器计算机项目。《大众电子学》说服了MITS，将这一项目刊登在其1975年

1月号的杂志上。为了吸引读者的眼球，《大众电子学》的编辑为这一项目甄选了"Altair"（牛郎星）这个名字。牛郎星是天鹰座最亮的星，也是夜空中亮度第十二的星，亦是当时流行的电视科幻连续剧《星际迷航》（*Star Trek*）中，"进取号"星舰（USS Enterprise）要前往的目的地。大部分的电子爱好者都是《星际迷航》的忠实粉丝，"Altair 8800"这个名字自然能吸引他们的眼球，并且让人浮想联翩。Altair 8800登上《大众电子学》1975年1月号的杂志封面后，人们对它的兴趣便与日俱增。这款产品还通过在电子爱好者青睐的其他杂志（如《无线电电子学》）上刊登广告而收获了邮购订单。在营销材料上，MITS写道："打造你自己的电脑并非易事，但我们将让它成为一段有益的经历。"这反映出了MITS主管们的思维：要为电子爱好者创造价值。基础的Altair 8800包含中央处理器、前面板控制装置、前面板等级开关、电源供应装置和扩展板，这些全都被包装在一个铝制的盒子里。它还可以接驳存储卡、静态存储卡、并行和串行输入/输出卡、键盘、显示器、音频磁带和软盘驱动器，MITS将这些部件作为可选部件销售。人们也可以从其他电子元件供应商那里采购这些部件。

在推出Altair 8800之前，MITS曾乐观地估计，第一年他们能售出800台。登上《大众电子学》1月号之后，MITS收到了如潮水般涌来的咨询和订单。2月，MITS

收到了1000份Altair 8800的订单。MITS原本报价时的交货时间是60天,结果不得不延长到数个月。到了5月,MITS交付了2500台Altair 8800;到了8月,MITS交付了超5000台Altair 8800。不管怎么说,Altair 8800的初期发售都是一次巨大的成功。Altair 8800在电子爱好者市场中取得的成功,吸引了很多年轻的电子学和软件爱好者来为基础的Altair 8800开发附加装置。例如,比尔·盖茨还没拿到学位,就从哈佛大学退了学,与好友保罗·艾伦(Paul Allen)一起创办了微软公司,为Altair 8800开发Altair BASIC编程语言,并于1975年7月开始发售。

电子爱好者市场非常小,只要有其他的套件供应商涌入,这一市场很快就会饱和。1975年上半年,MITS还没遇到竞争对手,其售出的Altair 8800远超最初的乐观预期。这一消息吸引了众多电子工程师和电子公司在1975年底涌入这一市场,并供应类似的产品。尽管Altair 8800初期取得了成功,但它未能获得足够庞大的客户群,实现盈利。为此,MITS在产品研发上进一步投入,从而在电子爱好者市场中维持其地位。1976年,苹果电脑公司成立并发布了其第一款产品Apple I。Apple I与Altair 8800相似,又有所改良,它的中央处理器是基于MOS科技公司研发的6502微处理器,而非英特尔8080。

同年，苹果电脑公司将 Apple I 和显示器、键盘、动态存储卡和静态存储卡、并行和串行输入/输出卡以及软盘驱动器封装进一个发泡成型的塑料外壳里，改进成了一款全新的产品——Apple II。Apple II 最初的版本用只读存储器内置了 Integer BASIC 编程语言，1978 年版的 Apple OS 操作系统可允许第三方软件开发者为 Apple II 开发应用程序。斯蒂夫·盖瑞·沃兹尼亚克是 Apple I 和 Apple II 的首席技术设计师，史蒂夫·乔布斯则监督了外包装壳的设计和开发。外壳的设计隐藏了内置的插卡、电路板和线路连接。乔布斯有一种独到的思维——他认为，个人电脑的价值主张在于帮助人们处理和管理信息。他大力倡导外观设计，吸引那些电子爱好者之外的消费者，让 Apple II 看起来更像一款家用电脑。人们从零售货架上买到这套系统，带回家，插上电就能使用。

Apple II 拥有开放式的架构设计，可容许第三方开发者为其设计各种各样的装置，从而提升其价值主张，也适用于更多消费者。一开始，Apple II 在电子爱好者和电脑爱好者群体中的销售很成功，这也激励了软件开发者为其开发软件。之后，人们为 Apple II 开发出了 16000 款应用程序。20 世纪 70 年代中期，可视公司（VisiCorp）为 Apple II 开发了电子制表程序 VisiCalc，之后 Apple II 在商业市场和专业市场上的销量便呈指数型增长。在早期的电脑行业，很多人将 VisiCalc 称为"杀手级应用程序"。由此，Apple II 在电脑行业开创了"个人电脑"这一全新的产品类别。从 1977 年到 1980 年，苹果公司的市值从 77 万美元的估值上涨到了 1.18 亿美元。这激起了一场围绕个人电脑的新变革，并彻底颠覆了电脑行业。以 Altair 8800 为开端，通过打造可持续的生态系统来支撑其价值主张，Apple II 成功地从很酷的产品摇身变为优秀的产品。其市场主导地位维持到了 1981 年，随后才被 IBM 公司推出的 IBM PC 取而代之。

IBM 公司在 1981 年推出的 IBM PC 与 Apple II 相似，但有改良，其运行速度更快。由于 IBM 公司在电脑行业拥有强大的地位，有众多的第三方硬件和软件开发者被吸引来为 IBM PC 开发周边设备和应用软件。很快，IBM PC 就成了个人电脑行业的翘楚。苹果电脑公司的市场份额迅速流失，其推出的下一代产品，即 Apple III，并未能获得市场的认可。于是，乔布斯主导了一支团队进行麦金塔电脑的开发，他的目标是在个人电脑市场中建立起新的标准，并从 IBM 公司手里夺回失去的市场份额。当时的个人电脑装配的都是文本用户界面，而麦金塔电脑选择了图形用户界面。IBM PC 和 Apple II 的架构是开放式，麦金塔电脑则选择了封闭式的架构。配合麦金塔电脑发布的，是一部花了 150 万美元的电视广告片《1984》。这部广告于 1984 年 1 月 22 日播映，正值第十八届超级碗开赛。两天之后，麦金塔电脑正式发布。在《1984》这部广告片里，一位象征着麦金塔电脑的不知名的女英雄横空出世，她要帮助人类摆脱"老大哥"（象征 IBM 公司）的控制。《1984》当时被认为是个人电脑行业最成功的商业广告，它也为发售之初的麦金塔电脑带来了极高的销量。然而，图形用户界面需要更多的算力来支持，这就导致麦金塔电脑的处理速度无比缓慢。此外，有能力为图形用户界面开发程序的第三方软件开发者并不算多，因此，麦金塔电脑可用的应用程序非常少。这两大弊端再加上昂贵的价格，让麦金塔电脑的销量在 1984 年下半年迅速回落。IBM PC 的势头依旧强劲，且随着麦金塔电脑销量的滑坡，1985 年，IBM PC 在个人电脑市场中取得了支配性的主导地位。乔布斯承受了巨大的压力，被迫离职。

乔布斯离开后，麦金塔电脑依旧举步维艰。虽然粉丝给予了它诸多的赞扬，其销量依旧疲软。1985 年，约翰·斯卡利接手担任了麦金塔电脑的产品主管。在被乔布斯招至苹果电脑公司麾下之前，斯卡利曾是百事可乐公司的总裁，虽然并没有什么技术背景，却是公认的营销专家。斯卡利为麦金塔电脑捆绑了苹果公司生产的激光打印机以及苹果电脑专用的软件，如 MacPublisher 和 PageMaker（均为桌面排版软件）。这些软件驱使用户使用图文进行设计、预览和打印版面设计，从而开创了桌面出版市场。随着计算机处理能力的提升和更多图形相关应用软件的出现，麦金塔电脑通过在新兴的桌面出版系统确立起强大的地位，开始扭亏为盈。斯卡利通过强化支撑，成功地将麦金塔电脑从很酷的产品升级为优秀的产品。

从 1 到 N 的产品扩张

很多人认为，从 1 到 N 的产品扩张阶段风险更小，且其风险是可量化的。产品已经拥有了市场，人们可以通过市场调研进行成本效益分析，选择最佳的产品线系列和改进路线图，从而获取市场份额及长期利润。然而，尽管从 1 到 N 的产品扩张阶段与从 0 到 1 的产品创新阶段有着不同的性质，这一阶段还是会有不可量化的风险。在从 0 到 1 的产品创新阶段，不可量化的风险主要来自两方面：一方面是没有多少人愿意为你提出的价值主张买单，买单的客户群体规模不够，不足以支撑起可持续的市场；另一方面是支撑结构不够强有力，不足以支撑起可持续的市场。

在从 1 到 N 的产品扩张阶段，已经有足够的客户为你的价值主张买单，支撑结构也已强大到可以支撑起可持续的市场，因此该阶段不存在从 0 到 1 的产品创新阶段所面临的不可量化的风险。这一阶段的不可量化风险来自未知的竞争者——他们可能粉墨登场并给市场带来拐点。

当一个全新的产品类别被市场接受后，每个人都可以分析其产品属性，看它如何为不同细分市场的消费者贡献价值。有的人就会认为，他们也可以进入这一市场，提供相似但经过改良的产品，争取到一定的市场份额。通过成本效益概率模型，你可以分析这类参与者之间的竞争以及制定从 1 到 N 的最优扩张策略。这属于可量化的不确定性。这类从 1 到 N 的产品竞争必然会导致线性扩张：你的增长与你的投入成正比。此外，增长对投入的比率很可能会随着时间的推移而递减，最终导致发展停滞。

  这一阶段不可量化的风险在于，完全未知的竞争者从一个完全不同的角度切入市场，推出完全不同的新产品，并颠覆既有的市场。而且，行业里没有人能够预测这种事情何时发生。以手机市场来举例，摩托罗拉、诺基亚和三星在手机市场中争夺了三十余年，在从 1 到 N 的线性扩张赛道上通过更好的设计、更多的功能和更优的品质竞争，而苹果公司推出的 iPhone 则带着完全不同的概念，颠覆了手机市场。苹果公司原本属于个人电脑行业，并非手机行业。在苹果公司表示出进军手机市场意愿之前，没有多少人会认为，苹果公司能够在手机市场上立足。

  从 1 到 N 的产品扩张分为两种类型：线性和指数型。通过扩大产品线和改良产品属性进行扩张，**称为从 1 到 N 的线性扩张**，此时你的增长与你的投入呈线性关系。如果产品能够维持其市场份额，那么它就是**有竞争力的产品**。在这种类型的扩张里，产品的价值主张保持不变（或者只有轻微变化），因此其支撑才能够保持稳定、强度不断提升。从 1 到 N 的线性扩张能够让优秀的产品变得更好，直至升级为卓越的产品。衡量产品好不好的一个指标是其生命周期的长度及盈利能力。例如，吉列剃须刀就是一款卓越的产品，因为它主导剃须刀市场超过了100年，并且拥有着不凡的利润率。

不同于线性扩张，从1到N的指数型扩张利用支撑结构和客户群作为平台，通过增加新的属性来扩张产品，帮助他人在原产品的基础上进行从0到1的产品创新，在创新者之间形成网络效应，从而实现正反馈式增长。这种类型的扩张并不注重提升产品的价值主张，而是注重积极帮助他人在原产品的基础上成功地推出新的价值主张。借助他人的努力，原产品便能够实现指数型增长，而不只是线性增长，最后变成**伟大的产品**。

有竞争力的产品通过提升其效益价格比来获取市场份额，而伟大的产品会给他人提供机会，让人们通过创新超越其原有的价值主张。有竞争力的产品通过强化其生态系统的支撑结构来为产品提供支撑，而伟大的产品会在其生态系统以及由其他创业者打造的新生态系统之间形成正反馈效应，不仅强化了产品的支撑结构，也超越了产品原有的价值主张。

苹果公司在2007年发布的iPhone包含了一些第三方的游戏和应用程序。2008年，苹果公司发布了相应的软件开发工具包，供第三方免费下载并用于开发应用程序。苹果开发者计划（Apple Developer Program）的设立，旨在通过苹果公司的平台协助第三方应用程序开发者取得成功。订阅了该计划的用户可得到苹果公司的技术支持，开发出来的应用程序将经过苹果公司的测试，如果达到质量标准，就可在苹果应用商店上发售。凭借 iPhone 庞大的客户群，这一举措给创业者提供了可在 iPhone 上进行从 0 到 1 的应用程序创新的良机。随着移动基础设施升级到了 4G 时代，很多涉足移动社交网络和共享经济的新业务纷纷依托于 iPhone 横空出世。由此，iPhone 在智能手机上创造出了全新的产品类别，其价值主张也超越了原有的价值主张——一款随时随地增进交流的智能设备。iPhone 正是一个伟大的产品。

谷歌公司的主打产品则是一款搜索引擎，其价值主张是"为企业提供具成本效益的广告服务"。谷歌公司并不属于搜索引擎行业，而是属于广告行业。其从 1 到 N 的线性扩张策略是改进其搜索引擎，并为终端用户提供诸多免费应用程序，如谷歌地图、谷歌翻译、谷歌邮箱，等等，以此强化其支撑。然后，谷歌公司又推出了安卓系统操作系统，并向智能手机生产商免费供应，以此扩展了其产品线。此举为众多电子公司和创业者提供了迈入智能手机市场的良机，从而与苹果公司的 iPhone 竞争。谷歌公司同样推出了相应的软件开发工具包和支持计划，助力安卓系统平台上的应用程序开发。借助智能手机生产商和应用程序开发者的努力，谷歌公司的客户群呈指数型增长，

第一章 新思维引发新市场

这又巩固了其广告业务。谷歌公司的产品线，包括搜索引擎、众多应用程序以及安卓系统操作系统，促成了同一种价值主张的实现——它是一个伟大的产品。微信、微软的Windows视窗操作系统以及中国的高铁网络，都是伟大的产品。

从1到N的产品扩张可用图1-5表示，它包含两个阶段：第一个阶段是从1到N的线性扩张阶段，专注于改良产品的属性，从而强化产品的市场地位；第二个阶段是从1到N的指数型扩张阶段，利用产品强大的市场地位，将产品转变成平台，从而扩展产品的生态系统，同时给他人提供机会进行从0到1的产品创新，在产品原有的生态系统上打造出全新的生态系统。

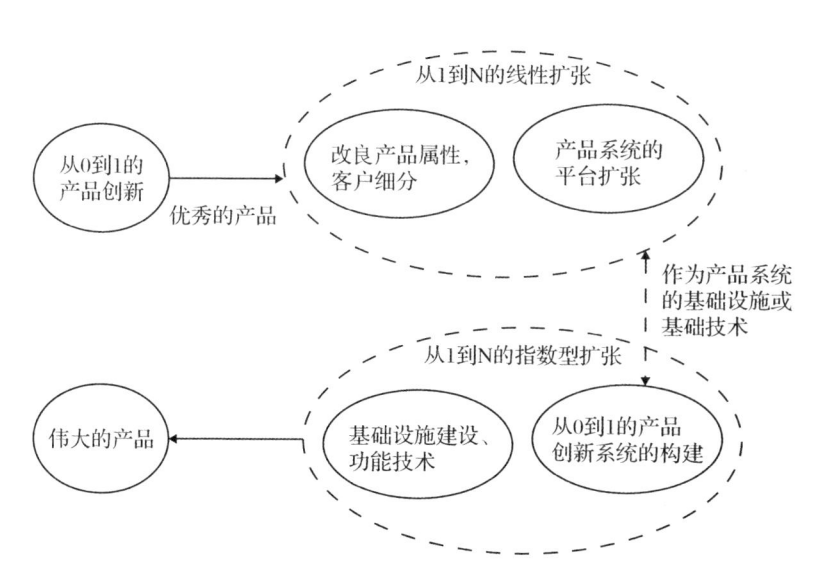

图1-5 从1到N的产品扩张

产品经理的核心能力

产品经理要负责主导一支跨部门的团队，应对具有高度不确定性的从 0 到 1 产品创新阶段和具有高度竞争性的从 1 到 N 产品扩张阶段，但产品经理对于团队成员并没有直接的职权。产品经理的核心能力包括：构筑一个强有力的产品愿景；组建一支强大的团队，带着同样的热情去实现产品愿景；指引团队的前进方向；调动团队为愿景的实现进行创造性的投入；主导团队在从 0 到 1 的产品创新阶段应对风险，以及在从 1 到 N 的线性扩张和指数型扩张阶段强化产品的市场地位。

在从 0 到 1 的产品创新阶段，最大的风险在于开发出来的产品市场很小，甚至没有市场，这是一种不可量化的风险。通常，这源于产品团队在开发产品时过于自恋而忽视了一个事实：这也许并不是人们需要的产品，或者产品的支撑仍不完善或过于羸弱。很多人提倡产品经理应对产品保持热忱，但这可能导致一种风险的增加：如果产品经理对产品过于热忱，就会抗拒依据市场需求做出改变。产品经理应当首先明确，什么才是有意义的、能为社会贡献价值的新价值主张，再对这一价值主张保持热忱，而不是对产品保持热忱，然后组建一支对新价值主张保持热忱的跨部门团队，指引团队方向，并调动团队设计出可实现新价值主张的产品。由于在从 0 到 1 的产品创新阶段，产品经理面临的风险大多是不可量化的，因此需要具备两极交互的能力。

- **愿景驱动与事实驱动**：在面对不可量化的不确定风险时，产品经理无法用理性来调动团队，只能感性地调动。产品经理要给团队描绘出一个激动人心的愿景，指引和激励团队协同地去实现愿景。在掌握了更多事实之后，产品经理就需要根据事实结论来激励团队。如有必要，产品经理需根据事实改进愿景，再用改进后的愿景调动团队。愿景的构筑为阴，事实为阳。这两极之间的交互，让产品经理得以主导和调动一支团队，实现一个切实可行的愿景。

- **发散思维和收敛思维**：发散思维是指为一个问题探索多种可能的解决方案。这一思维过程通过更广阔的思维视野，探究问题可能的解法。收敛思维则是从所有可能的解决方案中确定出一个最有效的方案。这两种思维过程的交互，有助于在向外寻求新可能和确定最有效方案之间取得平衡。在创新、探索和搜寻整个样本空间时，用的是发散思维；在开发和应用所发现的、有前景的领域时，用的是收敛思维。

- **建立共识和作出艰难的抉择**：在管理一支有不同观点和价值判断的跨部门团队时，重要的一点是尽可能地建立共识。但是，如果由于观点不一而无法达成共识，并且时间紧迫、不得不尽快做出决定，产品经理就需要根据团队的意见和观点做出艰难的抉择。

- **向内聚焦和向外聚焦**：在探索什么样的价值主张会

被消费者接受、什么样的产品或服务可以实现价值主张时，产品经理需要引导团队将目光向外聚焦，从而产生更多的可能性。在开发中发现有前景的领域时，产品经理则需向内聚焦，提供分析和建议。

·**执着于愿景，灵活去执行**：当一个产品愿景由于有意义、可实现并且能给社会创造价值而被团队接纳后，产品经理便需执着于这一愿景，即便其短期的收效不如预期。在执行计划、实现愿景的过程中，产品经理需要灵活调整计划，并以计划执行过程中显露的事实为依据。

·**提出假设和确认测试**：科学研究的常用方法之一是提出假设和确认测试的迭代。假设即为有根据的猜测，即根据有限的样本量，猜测变量之间的因果关系。确认测试即针对变量搜集足够多的数据进行统计测试，确认原先设想的因果关系是否成立。例如，假设年轻司机都是鲁莽的，然后搜集司机的历史数据进行 A/B 测试，确认此假设是否成立。通常，确认测试无法给人十足的把握去确定一个假设是否成立。在这种情况下，可根据进一步搜集到的数据重复这一过程，改进假设、重复测试。能够快速、节约成本地设计实验去检验设想是否成立，这也是产品经理的必备能力。

在从 1 到 N 的产品扩张阶段，产品经理需对产品线的扩张进行管理，从而维持市场竞争力。在从 1 到 N 的线性扩张阶段，产品经理须具备战略思维，并管理不可量化的风险。产品经理还须具备敏锐的洞察力，并找出妥当的办法应对可能的中断；同时抓住机会，开启从 1 到 N 的指数型扩张阶段。这就需要产品经理具备制定产品战略和管理不可量化的风险的能力。伟大的产品经理能在适当的时机从一种模式切换到另一种模式。在从 0 到 1 的产品创新阶段和从 1 到 N 的产品扩张阶段，通过不断重复的实践，伟大的产品经理还会在团队里逐渐营造出一种创新文化。

讨论问题：

1. 很酷的产品有什么共同点？你能举一个科技领域之外的、很酷的产品的案例吗？

2. 什么才算是成功的产品？什么才算是很酷的产品？什么是优秀的产品？什么是伟大的产品？

3. 请用一句话简明地概括什么是很酷的产品、优秀的产品和伟大的产品。

4. 麦金塔电脑属于很酷的产品还是优秀的产品？优步打车是很酷的产品还是优秀的产品？

5. 在从 0 到 1 的产品创新阶段，人们会面临什么类型的风险？

6. 电动汽车的价值主张是什么？它要解决什么问题？要解决这个问题，会牵涉哪些关联方？它将给谁创造价值？

7. 支撑电动汽车的生态系统是什么？在这一生态系统中，

你能区分出哪些参与者属于供给侧、哪些参与者属于需求侧吗？这个生态系统是否强大，取决于什么？

8. 在从 0 到 1 的产品创新阶段，产品经理拥有什么思维可以得到很酷的产品，拥有什么思维可以收获优秀的产品？

9. 伟大的产品由什么决定？产品经理拥有什么样的思维才能缔造伟大的产品？

第二章

解锁"产品管理创新定义"

新产品的起点是新的产品创意。评判一个新产品创意好不好，就看它转化出的产品是否具备成为优秀产品的潜力。关于新产品创意如何缔造出优秀的产品的逸事俯拾皆是。有趣的是，事实上这类创意很多都是偶然冒出来的。布莱恩·切斯基（Brian Chesky）和乔·吉比亚（Joe Gebbia）住在旧金山的一套公寓里，上涨的月租金让他们俩捉襟见肘。2007年10月，美国工业设计师协会（Industrial Designers Society of America）在旧金山举办了一场大会。那是一场盛大的会议，人们预计会议地点附近的酒店会供不应求，而两人的公寓正好距离会议地点不远。两人就想出了一个点子：在他们的公寓里准备充气床，在会议期间租给参会者，同时提供早餐服务，以此挣一点儿外快。两人很快就搭建了一个网站进行推销，并收到了三位背景和财务状况各不相同的顾客。在三位顾客入住公寓的那几天，布莱恩·切斯基和他们进行了广泛的交流，从中发现会议短期租房大有市场。两人认为，如果能将供给侧（像他们一样，希望短期出租居住空间的人士）组织起来，那将是一个很好的商机。他俩招募了柏思齐（Nathan Blecharczyk）担任技术主管，三人在2008年一起创办了爱彼迎。2008年3月，得克萨斯州奥斯汀市举办西南偏南音乐节（South by Southwest Festival），他们就帮助参与者在节日举办地点附近预订短租民宿。作为登记人之一的切斯基，在和房东交流的过程中，他了解到短租民宿供应方的需求和痛点。在具备短租民宿供给侧和需求侧的实际经验后，这支团队开发了一个网站，以此为平台吸引供给侧和需求侧的参与，再由网站进行在线匹配。爱彼迎由此诞生。它开创了一个新的产品类别，并在线上度假租赁市场上树立起强大的地位。

另一个有趣的案例是脸书，人们甚至根据这个故事拍了一部电影。"脸书"原本是一个名录，包含了众多个人的照片和姓名。它是高校行政部门在学年伊始分发的出版物，旨在帮助新生相互认识。2003年，哈佛大学推出了纸质版名录，其中附有私人在线目录。2004年2月4日，哈佛大学在校生马克·扎克伯格（Mark Zuckerberg）搭建了一个叫"脸书"的网站，以此促进学生之间的在线社交。哈佛大学的三位高年级学生卡梅伦·文克莱沃斯（Cameron Winklevoss）、泰勒·文克莱沃斯（Tyler Winklevoss）和迪维亚·纳伦德拉（Divya Narendra）起诉扎克伯格剽窃了他们的创意。他们原本计划搭建一个叫HarvardConnection.com的社交网站，扎克伯格声称自己能协助快速搭建网站，于是他们同他分享了这一创意。这一诉讼案在2008年达成和解，原告获得了脸书120万美元的股份。在脸书搭建之初，成员仅限于哈佛大学的在校生。不到一个月，就有超过一半的哈佛本科生注册了这个网站。2004年3月，这个网站的成员扩展到哥伦比亚大学、斯坦福大学和耶鲁大学，后来又扩展到全部的常春藤大学和其他高校。2005年，公司去掉了名称中的"the"，成了今天的脸书。

这两个案例的一个共同点是，其产品创意并非全新的理念。在爱彼迎的案例中，其产品创意基于这样的价值主张：为借宿（主要是民宿）者或旅游体验者提供高效的安排服务。这一价值主张并不新颖，在爱彼迎创立之前，已经有很多供应床位和早餐的小旅馆在提供这一价值主张。爱彼迎的新颖之处在于，它利用了互联网来扩大其服务规模。它将那些希望能够偶尔对外出租居住空间的房东组织了起来，壮大了供给侧；同时，它也为度假租赁市场的供给侧和需求侧匹配资源。如果互联网基础设施还未广泛普及，它们这一价值主张就不会有很大的市场。脸书的社交网络创意同样也算不上新颖。它的理念在于，互联网扩大了其活动范围，使得更多的人参与进来，创造价值。

这两个案例的另一个共同点是，其创始人都是通过亲身经历提炼出自己的新价值主张。在爱彼迎的案例中，其创始人是在解决窘迫的财务问题时，偶然想出这一新创意的。在脸书的案例中，尚不清楚是谁最先想出了这一新创意，很可能这个新创意早已在哈佛的校园内流传，而扎克伯格迅速地采取了行动，利用了这一新创意。

从这类案例得来的洞见，有助于我们构思新产品创意，从而开启新产品的开发之路。对于初创公司来说尤其如此。这种案例分析法会很有帮助，但不会很高效，特别是在缺乏足够多的案例数据作为依据的情况下。

产品是传递价值主张的手段。与其从构思产品创意入手，不如从构思价值主张切入，在价值主张的基础上构思新的产品创意。本章将系统地阐述产品经理该如何从价值主张入手，发掘出具有巨大商业潜力的新产品创意。

推陈出新：跨时代与跨地区

即便两个产品都是为了实现相同的价值主张，但如果两者在开发的时候，其面临的配套基础设施、政策、技术状况和人群需求各不相同，那么它们也会变成不同的产品。相同的价值主张可以在不同的情况下缔造出不同的产品创意，这意味着并不存在绝对新颖的价值主张。以爱彼迎和脸书为例，旧有的价值主张之所以在今天重获新生，是因为科技和通信基础设施进步了。一般而言，旧有的、过去曾被人们追捧的价值主张，在基础设施和技术进步的前提下，可转变为新的价值主张。既然旧有的价值主张已经缔造出优秀的产品，那么翻新后的价值主张同样有可能缔造出优秀的产品（不过是与之前完全不同的产品）。例如，互联网时代的 iPod 和从前的 Walkman 随身听，两者有着相同的价值主张。随身听发明于模拟时代，而iPod诞生于数字化的互联网时代。这叫作"**跨时代**"现象。它适用于构思新的产品创意。利用新技术，可将曾经流行的多种旧有价值主张结合起来，构思出新的价值主张。比如，iPhone的价值主张集合了手机、iPod、个人电脑和其他产品的价值主张。

在A地区被人追捧的价值主张，可拿到B地区推广。这一价值主张在A地区属于旧有价值主张，如果B地区在配套基础设施、政策和人群的需求结构上与A地区不同，那么从A地区到了B地区后，它就变成了新的，因为同一个价值主张会在B地区催生出和A地区不同的产品。既然旧有价值主张能够在A地区催生出优秀的产品，那么它在B地区重获新生后，同样有可能催生出优秀的产品。美国的即时通信软件和中国的QQ都传递着相同的价值主张，但两者的产品属性却截然不同。1998年，使用即时通信软件的美国用户都拥有自己的电脑，而彼时大多数中国人还没有个人电脑。为了适应不同的市场环境，美国的即时通信软件是在两台个人电脑之间传递消息，而QQ则是在两个服务器之间传递消息。为了支撑QQ的价值主张，网吧迅速在中国遍地崛起。类似案例还有美国的谷歌对比中国的百度，美国的亚马逊对比中国的阿里巴巴，美国的优步对比中国的滴滴，等等。这叫作"**跨地区**"现象。产品要走向全球，产品经理就不应该只着眼于调整产品本身以适应国外市场,而是要应用"跨地区"的概念,在新的国家构思新的产品创意。

需求层次的满足

马斯洛需求层次理论是由亚伯拉罕·马斯洛(Abraham Maslow)提出的心理学理论。该理论可描述为由五个层次的需求组成的金字塔:生理需求、安全需求、爱与归属需求、社交需求(或叫"尊重需求")以及自我实现需求,如图 2-1 所示。

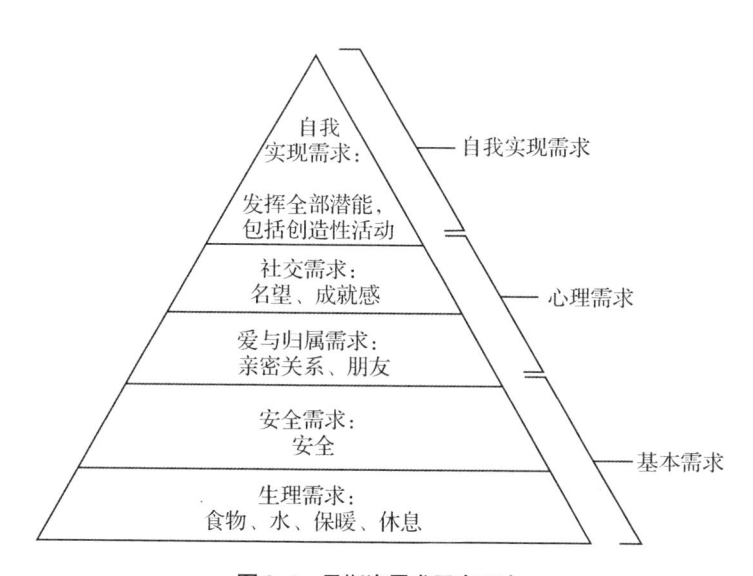

图2-1 马斯洛需求层次理论

马斯洛认为,人只有在一定程度上满足了较低层次的需求,才能开始考虑更高层次的需求。因此,当一个地区的大众在某个层次的需求已得到满足，那么更高一个层次的需求就会成为他们的潜在需求。面向更高层次需求的新价值主张，如果价格合理，就可能大有市场。但是，企业开发产品来传递这一价值需求时能否具有成本效益，取决于当地的配套基础设施、政策和技术状况。因此，如果一家企业拥有核心竞争力，能够在给定的配套基础设施、政策和技术状况下，具有成本效益地实现新的价值主张，那么，这个面向更高层次需求的价值主张对于这家企业来说，就是一个好的创意。

1908年，亨利·福特（Henry Ford）成功地推出了面向大众市场批量生产的T型汽车（Model T），实现了其价值主张——适合于每个人安全出行的汽车。安全出行是一个基本需求。福特重视产品的简单化，只生产一个型号的汽车——T型车，车身颜色只有黑色。他创造了生产线的概念，构建了一个可实现规模经济的生产流程。1914年，福特汽车公司占有了汽车市场48%的份额。另一位创业者，威廉·杜兰特（William C.Durant）则为实现相同的愿景提出了完全不同的方案。杜兰特收购了众多汽车公司，并在此基础上成立了通用汽车公司。杜兰特没能实现规模经济，因为他收购的每一家子公司生产的车型都不同，生产线也各异。1920年，通用汽车公司濒临破产，投资人将杜兰特驱离了公司，转而请来阿尔弗雷德·斯隆（Alfred Sloan）运营公司。当时，很多美国人都已经买了能够满足基本需求的汽车，有的消费者还越来越富有。这些富有的群体希望拥有能够体现其财富的汽车。也就是说，提供不同的车型来满足经济地位和社会地位各不相同的群体，就成了一个潜在需求，而拥有众多生产线的通用汽车公司，恰好可以完美地满足这一潜在需求。一个新的价值主张——为处于不同经济地位和社会地位的人群提供不同的车型——成了通用汽车公司的好创意。通用汽车公司设立了不同的汽车品牌，帮助消费者凭借其所驾驶的汽车品牌获得身份认同。开雪佛兰汽车的群体和开凯迪拉克的群体有着不一样的身份，而两个群体都为自己选择的汽车品牌而自豪。福特汽车公司则没能回应这一市场需求，因为它一直专注于完善其规模经济。很快，通用汽车公司就超越了福特汽车公司，称霸美国汽车市场。

和很多心理学理论一样，马斯洛的理论描述的是人类的发展阶段，而人类的欲望是无止境的。人们满足了某一层次的需求之后，就开始渴求更高层次需求的满足。低层次的需求是基本需求，也叫匮乏性需求；高层次的需求是额外需求，也叫发展性需求。对于基本需求来说，其未能被满足的时间越长，人们去满足它的动机就越强。而一旦需求得到满足，人们的动机就会荡然无存，然后开始追求更高层次需求的满足。然而，人们会持续地感受到额外需求，甚至在开始满足它之后，这种需求反而愈加强烈。例如，大部分人只会在疼痛的时候服用止痛药，而如果让他们相信维生素有助于保持健康，他们就会天天服用。基本需求较为客观，而额外需求较为主观。能够解决消费者痛点的产品，会很快受到人们的欢迎。人们会使用该产品在全世界具有相似供给结构的地区解决相同的问题。然而，当产品要解决的痛点不再频繁出现，产品就失去了可持续性。解决额外需求的产品也许需要一定的时间才能被人们接受，可一旦被接受，人们对它的需求就可能会与日俱增。但是，在全球推广这类产品要复杂得多，因为人们的额外需求和对应的供给结构在不同的国家大相径庭。

外在的扰动有可能立即改变人们的需求层次。1998年，刘强东在北京的一个科技产业园里租下了一个零售柜台，成立了电子产品零售公司"京东多媒体"（京东商城的前身）。京东多媒体公司的增长十分缓慢，因为它要解决的是北京消费者的发展性需求，他们追求的是科技新品。2003年，非典疫情暴发，在线采购日常用品成了人们一个基本需求。刘强东便决定将公司业务搬到网上，注册了京东网，为消费者在线销售和配送日常用品。在非典疫情防控期间，京东网为人们基本需求的满足提供了一个解决方案，其客户群体由此迅速壮大。非典疫情结束后，消费者也习惯了在线购物，继续在京东网购买日常用品以及能够满足更高层次需求的产品。京东由此发展成为中国第二大的电子商务公司，并且拥有了自己的专用快递服务。

对于初创公司、希望摆脱发展停滞的公司或是希望在新领域实现多元化发展的公司而言，产品经理要想找出好的价值主张，那么分析如何满足消费者的需求层次就是一个好办法。

乘风破浪

当新的价值主张和新的产品在市场上初具势头之后，其他公司就会看准契机，纷纷涌入市场，顺势推广相同的价值主张。新产品具备了市场势头，这一事实就表明它所传递的新价值主张在某个细分市场受到了人们的欢迎，此时抢眼点－支撑动态交互模型就会运转起来，打造出新的产品生态系统去支撑新产品价值主张。更多参与者投身于推广相同的新价值主张，有助于加速形成强大的支撑，为新价值主张提供支撑。因此，初创公司或者产业相关的公司很适合作为后来者去推广相同的价值主张。需要注意的是，这不是建议你去推广相同或相似的产品，而是去推广相同的价值主张。假如后来者把目光放在了相同或相似的产品上，他们就会倾向于看重产品属性，而忽视了去做强化支撑。如果把着眼点放在价值主张上，后来者就会专注于先发者在支撑力度上的薄弱环节，进而设计出不一样的产品，构筑更强有力的支撑去赶超先发者。同样地，当人们的需求被一种价值主张或多或少地满足后，他们就会开始追求更高层次需求的满足。如果一家公司的着眼点在于价值主张而非产品属性，它就更易于抓住下一个商机。这是公司投身新兴市场的绝佳办法。

1818年，汽车行业最初的产品是配备了外燃机的蒸汽汽车，其价值主张是"为人们提供出行便利的无马马车"。为了实现这一价值主张，政府需在市镇里铺设公路。当更多的创业者涌入蒸汽汽车的市场后，政府就有了压力，就得铺设更多的公路。蓄电池发明出来后，1886年，市场上出现了电动汽车，倡导的是相同的价值主张。随着内燃机的发明以及在得克萨斯州发现了巨型油田，20世纪初，美国市场上出现了汽油车，倡导的也是相同的价值主张。在20世纪初的美国，50%的汽车是蒸汽汽车，35%是电动汽车，剩下15%是汽油车。整个汽车行业都在给政府施压，政府不得不在城镇内部、城镇之间铺设了更多的公路，这不仅促进了社区的发展，成片的商店涌现，而且支持着人们全新的生活方式。人们不再满足于在社区里转悠，开始想四处走走，拜访其他市镇的社区。随着世界各地越来越多的油田被发现，拥有既得利益的石油公司就想去壮大汽油车市场。亨利·福特成立了福特公司，只生产汽油车。福特说服了石油公司在美国建设汽油加注设施，也就是在城镇内部、城镇之间的公路两侧建设加油站。这类设施的出现使得汽油车成了更优的选择，更能满足人们在市镇之间旅行的新愿望。通用汽车公司和克莱斯勒公司合力推广汽油车，作为一个更优的选项去支撑更高层次的新价值主张，这又加速了加油站网络和汽油车销售之间的正反馈循环。汽油车市场的壮大，给汽油车的技术研发注入了更多的资金。汽油车逐渐取代了电动汽车和蒸汽汽车，独占美国汽车市场的鳌头，而美国的电动汽车充电设施依旧非常薄弱。

后来者在推广相同价值主张的同时，可以开发互补的产品，以此丰富支撑结构。个人电脑的发展历程告诉我们，在很多案例中，推广相同价值主张的后来者都是通过构建更强大的生态系统而胜出的，而不是靠更好的产品。这些案例告诉我们，那些专注于构建生态系统、乘着个人电脑的东风劈波斩浪的参与者成了赢家，而那些专注于产品的参与者则在竞争中落败了。以下是若干案例：

·Altair 8800 的发售取得成功后，比尔·盖茨和保罗·艾伦一起为之开发了 Basic 编程语言，推广 Altair 8800 的价值主张。Altair 8800 传递的价值主张是"让打造你自己的电脑成为一段有益的经历"，它的市场很有限。即使它的初期发售很成功，但它的增长有限。Apple I 面向的是同一个市场。它和 Altair 8800 相似，但是比后者更好。苹果公司在此基础上推出了 Apple II，它传递了新的价值主张——帮助人们处理和管理个人信息，满足的是人们更高层次的需求。Apple II 成功地开辟了个人和专业用途的市场。随着 Apple II 在市场上呈现增长势头，可视公司又推出了 VisiCalc 来支撑 Apple II 的价值主张。可视公司乘着 Apple II 的东风，在 1984 年跻身全球第五大微型计算机软件公司。

·虽然 IBM 公司、英特尔公司和微软公司通力发展 IMP PC，但它们每一家公司都有着各不相同的愿景。IBM 公司的愿景是推出比 Apple II 更优秀的个人电脑，英特尔公司的愿景是扮演零部件供应商的角色，而微软公司的愿景是实现"帮助人们处理和管理个人信息"的价值主张。1975—1980 年，微软公司曾为 Altair 8800、Apple II 和其他个人电脑编写过计算机语言程序和应用程序，所以它十分明白，丰富的软件应用程序是实现"帮助人们处理和管理个人信息"价值主张的关键因素之一。微软公司积极地为软件开发者提供培训，从而为 DOS 操作系统开发应用程序。由于 IBM 公司是电脑行业的领军者，深受美国各大牌公司的信赖，再加上微软公司提供的培训支持，大量的软件初创公司和企业都来为 DOS 操作系统开发应用程序。莲花软件开发公司（Lotus Development Corporation）推出的 Lotus 1-2-3 软件只能在 IBM PC 的 DOS 操作系统上运行，该软件整合了电子表格计算功能、数据库功能以及图形处理功能（因此得名 1-2-3）。很快，Lotus 1-2-3 就超越了 VisiCalc，成为 IBM PC-DOS 操作系统上的杀手级应用，IBM PC 也因此很快超越了 Apple II，在个人电脑市场中拔得头筹。在这个过程中，IBM PC 构筑起了强大的生态系统。而在支持 IBM 公司生态系统壮大方面，赢家是莲花软件开发公司和中国台湾的众多印刷电路板生产商。1995年，IBM公司以35亿美元收购了莲花软件开发公司。

•史蒂夫·乔布斯对图形用户界面爱不释手，他在苹果公司主导一支团队开发了麦金塔电脑，志向是打败IBM PC。乔布斯称麦金塔为"疯狂"而伟大的电脑。他将重点放在了包装壳设计、即插即用的便利性和用鼠标操控显示界面上，再搭配上为麦金塔电脑开发的软件，凭借图形用户界面打入市场。乔布斯对产品的热忱让他忽略了一个有助于人们处理和管理信息的关键因素——计算速度和软件应用。尽管有一些软件公司愿意为麦金塔电脑开发应用程序，如微软公司和奥多比公司（Adobe），但是大多数软件开发者都选择为IBM PC开发应用程序，因为为IBM PC开发应用程序的成本低得多，并且IBM PC的市场份额也大得多。尽管麦金塔电脑在1984年初出茅庐时大获成功，但其销量在当年下半年急转直下，1985年持续下滑，以致乔布斯迫于压力辞职。斯卡利将价值主张的传递瞄准了特定的用户群体，这才挽救了麦金塔电脑。

•IBM PC的产品经理唐·埃斯特利奇（Don Estridge）于1985年8月2日因飞机失事不幸遇难，他的老板威廉·洛（William C.Lowe）接手管理IBM PC产品线。1985年，IBM PC在个人电脑市场中独步天下。作为IBM PC的产品线经理，洛专注于产品本身，并想方设法扩展其市场份额、增加其利润率。DOS操作系统是微软公司和IBM公司联合开发的，双方分别持有DOS一半的版权，所得版税收入双方平分。由于IBM PC是一个具有兼容性的系统，它的成功也吸引了一些初创公司涌入这一市场。比如康柏公司（Compaq），它推出了与DOS操作系统兼容的电脑，即克隆机。当时，IBM公司依然在市场上占据着支配地位，它以为这个现状会一直持续下去。1985年，洛同意了比尔·盖茨的一项提议，即销售DOS操作系统给克隆机，版税全部归微软公司所有。作为交换，对于IBM PC上新安装的DOS操作系统，IBM公司无须付费。洛觉得这项提议对IBM公司有利，因为他认为IBM PC将继续主导市场。盖茨则将这视为一次良机，可以通过较低的DOS操作系统使用费扩大克隆机市场，同时通过应用软件赚钱。更低的DOS操作系统使用费促使克隆机大量涌现，侵蚀了IBM公司的市场份额和利润。专注于产品的IBM公司作为回应，开发出了一个全新但类似的操作系统OS/2，并拥有它的全部版权。新的操作系统有着很多先进的新功能：图形用户界面、多任务处理，并且能够与IBM大型机连接。但OS/2与DOS操作系统不兼容，因此在其发布之初，实际上根本没有可用的应用程序。直到1992年，IBM公司才拥有了一个可用的OS/2版本，当中包含的应用程序足够丰富。

・正当IBM公司忙着开发新产品应对克隆机的问题时，微软公司将主要的精力放在了开发Windows操作

第二章 解锁"产品管理创新定义"

系统上。很多人认为这个系统模仿了麦金塔电脑的图形用户界面。当时的 Windows 操作系统是在 DOS 操作系统上运行的,微软公司也在资助培训 DOS 软件开发者为 Windows 操作系统开发应用程序,确保有足够的应用程序可用。Windows1.0 和 2.0 版本并不太成功,因为当时的处理器芯片还不够强大,难以支持图形用户界面。1990 年,微软公司发布的 Windows 3.0 取得了巨大的成功,因为这时候英特尔公司推出了 486 处理器,它已强大到能够支持 Windows 的图形用户界面。微软、英特尔和康柏接过了由 IBM PC 一手打造的生态系统,因为 IBM PC 此时已经落伍。这些公司通力合作,继续壮大这一生态系统,用以支撑个人电脑的价值主张。在个人电脑的角逐中,微软公司和英特尔公司成了大赢家。惠普公司、戴尔公司以及中国大陆和台湾地区的众多公司,乘着这股东风,生产搭载英特尔芯片和 Windows 操作系统的个人电脑,也都成了赢家。

由此可见,要在新兴市场乘风破浪,初创公司或者产业相关的公司需选准一个已通过构筑生态系统而具备势头的参与者,然后开发产品或服务,以此来强化参与者所构筑的生态系统。

在价值主张上求变

以一个市场规模尚可、参与者众多的产品类别为例

（如智能手机、汽车、无人机、个人电脑、电视机，等等），抢占市场份额的公司通常都会考虑在产品上求变，把目光放在产品属性上，从而实现差异化发展。例如，智能手机可竞争的产品属性包括更长的电池续航、更大的屏幕和更优的信号接收质量，等等。要改良哪一个产品属性、改良的程度如何，这个问题并不简单。与其专注于在产品上求变，不如专注于在产品所传递的价值主张上求变。在产品价值主张上求变的起点是，想一想不同的人在不同的背景下，会如何体验和理解这一价值主张。以下的具体案例可以说明这一点。

20世纪90年代末，手机在中国非常流行。摩托罗拉、诺基亚和爱立信三家公司共同占有中国70%的市场份额，西门子、三星和松下则共同占有20%的市场份额，而中国本土有不下12家手机公司，每一家所占有的市场份额不足1%。中国的公司在技术上处于劣势，无论是在功能上还是在性能上都没有竞争力，只能竞价，艰难求生。我有一位博士研究生叫乔治·郭，他当时在深圳TCL移动通信有限公司（TCL Mobile Communication Ltd., TMC）当产品经理。该公司于1999年由TCL集团成立，后者是中国较大的消费电子产品公司之一。TCL集团担任TMC大股东，一些来自香港的创业投资者担任小股东。TMC的总注册资本为1000万美元，主营业务是手机生产。正如中国的其他手机公司一样，TMC也陷入

第二章 解锁"产品管理创新定义"

了低价竞争的泥潭。摩托罗拉和诺基亚因为占据了高端市场，就利用在高端市场挣来的收入对低端市场进行渗透。此举对中国的手机公司造成了巨大的压力。到了2000年，TMC已陷于绝境。它无法在低端市场实现盈利，1000万美元的资本也行将告罄。在已有的商业模式下，它也无法引来新的投资。TMC该怎么办呢？我从乔治那里了解到，当时该公司是作出了怎样的艰难抉择才力挽狂澜的。

TMC的首席执行官万先生喜爱劳力士手表。他经常出入香港，发现饰有宝石的劳力士手表特别受香港人欢迎，因为佩戴的人可以凭此炫耀自己的社会地位。万先生开始思索，既然手机和手表一样都是人们随身携带的物件，那么给手机镶嵌上宝石，会不会也能收获奇效呢？成功人士，特别是中国二、三线城市的成功人士，就能用它向一线城市（如北京、上海等）的亲戚朋友炫耀自己的成功了。公司围绕这个点子进行了辩论，有很多反对的声音，但最后还是采纳了它，因为公司也想不到其他的出路。中国二、三线城市的成功人士并不太懂技术，他们想要的只是一部能够接打电话的手机，并不需要技术特别先进的手机。重点在于，首先要有一个华丽的设计，再镶嵌上珠宝，最后定出很高的价位（1500美元）来体现手机持有者的财富地位。TCL集团在中国的二、三线城市与珠宝批发商有着良好的关系，并有着强大的消费电子产品分销网络。这款手机于2000年10月发布，取得了极大的成功。到

049

2002年，其销售额已超过10亿美元，并占据了国内8%的市场份额。TMC手机的利润很高，毛利率高达60%。2022年，TMC取代爱立信，跻身中国第三大手机供应商。虽然TMC的珠宝手机在初期取得了巨大的成功，但它在中国市场的好景并不长。不过，TMC利用珠宝手机的成功，并购了法国手机公司阿尔卡特，且打入了世界市场。TMC选择在价值主张上求变，把目光放在了中国二、三线城市的成功人士想从手机上收获的价值主张。

TMC的成功提供了一个新的洞见，中国的手机公司与更先进的手机公司（如摩托罗拉和诺基亚等）竞争，与其盯着产品的功能和性能，不如将着眼点放在价值主张上求变：行业、社会地位、年龄和背景等各不相同的人们，当他们在不同的情境下使用手机时，想要收获的价值主张是什么。在面对中国日益增长的手机市场时，中国的手机公司在这一点上较之国外同行拥有绝对的竞争优势。TMC取得成功后，众多的中国手机公司沿用了这一做法来开发手机，并且占有了一些国内特有的缝隙市场。中国的手机公司逐步争取到了国内的市场份额，尽管在技术的先进程度上，它们还是无法与摩托罗拉、诺基亚等公司比肩。

乔治告诉我的另一个有趣案例，是一款为建筑工人开发的手机。2000年，中国正如火如荼地开展房地产和基础设施建设，建筑工地既忙碌又嘈杂，建筑工人常常因为没听到来电铃声或没感觉到手机振动而错过重要的电话。即便他们接听了电话，在分外嘈杂的环境里，他们也没法儿听清对方的声音。有一家手机厂商推出了一款手机，它的来电铃声非常响、振动非常大，扬声器的音量更大。这款手机在建筑行业的从业人群里大受欢迎。让人始料未及的是，这款手机在听力不好的老年群体里也十分流行。这类产品的准入门槛并不高，在竞争趋于白热化的市场中也很难长久保持其优势，但是中国的很多小型手机生产商能够迅速地转向其他用户群体，从而维持其经营。

1984年，个人电脑的市场非常大，其中有很多大牌参与者，包括IBM公司、惠普公司和康柏公司等。它们都是通过电子产品零售渠道进行产品的销售，产品的配置也是给定的。这种商业模式叫作**存货生产**。戴尔公司进入这个市场后，容许消费者指定自己偏好的产品配置，并根据订单来生产产品。这种商业模式叫作**接单生产**。这就是在价值主张上求变，让人们可以定制自己想要的产品，而不是到商店购买现成的产品。为了支持这种新花样，戴尔公司构筑了一个完全不一样的生态系统去支撑其价值主张。戴尔公司需要的是近距离的供应商，而无须遍布全球；戴尔公司需要的是灵活的生产能力，而不是事先计定好的生产流程；戴尔公司需要构筑一个有效的渠道进行一对一直销，而不是借助现有的零售渠道销货。

关于在价值主张上求变，最有趣的案例得数小米公司。它的起点是在智能手机的价值主张上玩出新花样，最后却得到了更大的价值主张。2000年底，中国的智能手机市场正在扩张。这个市场里挤满了大牌参与者，比如三星、苹果和华为等公司。2010年，小米公司进军拥挤的智能手机市场。作为小米公司创始人之一，雷军拥有大批年轻粉丝，他们对智能手机技术很感兴趣，对智能手机的功能性和可用性期待很高。于是小米公司搭建了一个平台，让粉丝提出建议，然后尽力采纳，并且每周都同步公司业务的进展。如果在最新的更新中，用户的建议被采纳了，他们就会知道，这给予了用户强烈的成就感和归属感。雷军的粉丝都很熟悉互联网，所以小米公司只在官网上销售产品。小米公司吸引了熟悉技术的年轻人，他们有着共同的语言和相似的偏好。在小米公司官网上，他们可以参与网络社交，可以购买与小米手机相关的软件和服务，还可以购买能够迎合他们感情的一系列产品，如帽子、玩偶等。小米以成本价销售高规格的智能手机来俘获粉丝，再通过软件、服务和系列周边产品实现盈利。小米公司在2011年发布了其第一款产品，并大获成功。2013年，小米公司实现了265.83亿元的营业收入和3.47亿元的净利润。2019年，小米公司在智能手机市场上排名第四。

"在价值主张上求变"的方法适用于广为大众接受的消费品。基于特定用户群体而玩出的新花样，则可能促进缝隙市场的发展。而基于用户购买和体验的创新，可能颠覆主流市场。

价值主张先于产品

产品只是手段，价值主张才是最终目的。人们总是倾向于关注产品，因为它是有形的，而价值主张是抽象的。但是，过于看重产品，会导致对产品最终目的的忽视。在很多案例中，产品在竞争中败北的主要原因可归结于此。因此，与其寻求好的产品创意，不如从寻求好的价值主张入手。产品经理可根据公司所面临的竞争环境，选择合适的方法去开发既有的、已被证明市场潜力良好的价值主张。如果经营的是一种新技术产品，那么也许适用"推陈出新"或者"需求层次的满足"的方法（或者两者兼顾）。如果考虑进军一个新兴市场，"需求层次的满足"或者"乘风破浪"的方法（或者两者兼而有之）也许比较适用。如果要挺进一个竞争激烈的成熟市场，那么"在价值主张上求变"的方法或许更适合。如果公司陷于停滞，在寻求突破，那么也许适用的方法是"需求层次的满足"。

既有的价值主张是否适合我的公司呢？要确定这一点，产品经理首先应当围绕既有的价值主张来找出市场空白，即找出那些在实现价值主张的过程中能够给人们带去良好体验的、仍旧欠缺或不完善的一切东西，如配套设施、政策、技术和互补的产品或服务等。然后，产品经理再主导团队集思广益，确认公司是否有能力、有竞争优势去填补这些空白。如果团队自信能够有效地利用公司资源去填补这些空白，那么既有的价值主张对于公司来说可能就很合适。这个过程可用以下的循环流程图表示（见图2-2），灰色箭头表示进入循环可能的切入点，创意、市场或者能力都可以是切入点。

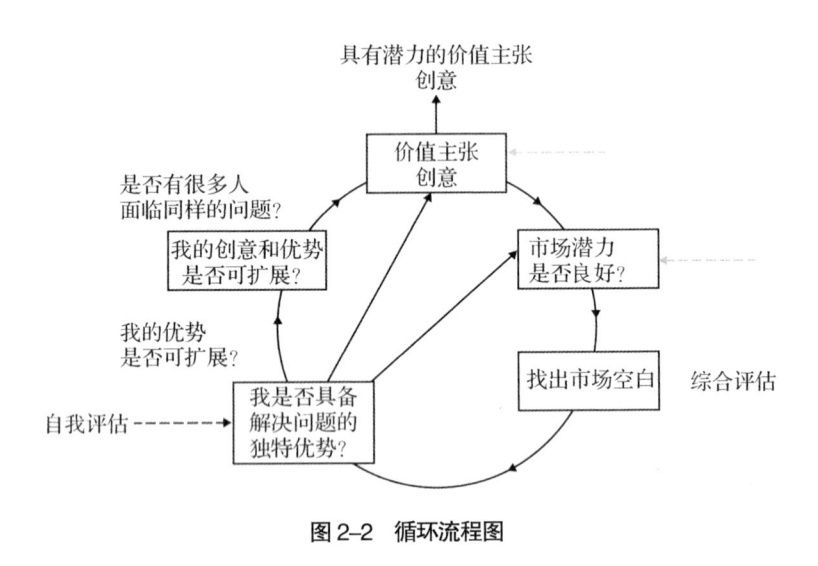

图 2-2　循环流程图

如果有人力荐"好的产品创意"时，产品经理该怎么办呢？可以问问他，产品的价值主张是什么？产品要向谁传递这一价值主张？通过讨论和分析，产品经理带领团队为产品构思一个价值主张，然后采用上文描述的流程，迅速地评估这一价值主张对于公司来说，是不是具有潜力的价值主张创意。

构思具有潜力的价值主张创意只是第一步，产品经理还需对它进行验证，也就是将创意转化成可试验的原型，用实际的市场接受度去验证它。这将是一系列不断反复运用发散思维和收敛思维的过程。在这一过程中，产品经理可能要对构思的价值主张进行调整或修改，找到供需之间的匹配点，从而实现价值主张。

上述内容主要适合于B2C（企业对消费者）类的产品。消费者的欲求是不断变化的，满足消费者欲求的方式也会随着技术的进步、配套设施的变革、人口结构的变化以及其他外部变化而有所不同。庞大的消费者数量最终会导致更为激烈的竞争。因此，提出一个好的价值主张（它要具备良好的市场潜力，并与公司的能力匹配）对于优秀的B2C产品的设计来说，是非常重要的第一步。

对于B2B（企业对企业）类的产品来说，其价值主张只不过是"让你的顾客成功"。这类产品处在消费品价值链的上游，潜在的顾客群体更为固定，而且数量有限。因此，产品经理的重点在于选对行业，并针对下游需求的动态变化做出回应，积极地提供新产品，助他们成功。"乘风破浪"是选对行业的关键。以英特尔公司为例，1985年，它放弃了存储器业务，转而选择搭乘个人电脑的东风。由于预见到个人电脑用户将持续渴求更快的处理速度、更好的图形显示和更多的软件应用程序去满足他们的额外需求，英特尔将自己的关注重点转移到设计更快的处理器芯片上，从而助力公司在个人电脑市场中的成功。现在做一个思想实验，假设个人电脑行业已经饱和，那么英特尔公司的关注焦点应该放在哪里呢？是手机？是无人机？还是物联网？

讨论问题：

1. 苹果公司的 iPhone 整合了手机、iPod 和个人电脑，同时还增添了额外的价值主张，即让各种服务和游戏尽在掌上。你还能想出哪些具备这一特点的案例？其中的旧价值主张和新价值主张分别是什么？

2. 当优步打车进军印度市场时，公司得采取各种各样非常规的策略去同印度本土的打车应用软件 Ola 竞争。考虑到印度特有的消费者人口结构、其技术可用性以及人们大多没有银行账户的现实，你认为优步打车的价值主张放在印度会和放在美国有什么区别？放在廉价公共交通更为普及的欧洲呢？其价值主张又会有什么不同？这又会对你在这些市场的产品设计和营销方法产生什么影响？

3. 在构思新的价值主张时，为什么参考马斯洛的需求层次理论会是个好办法？你会如何运用这一理论？这个理论是否也适用于 B2B 商业模式？

4. 京东的案例更为广泛的影响是什么？

5. 你能否举出其他的事例，说明一些公司搭乘了某个价值主张蒸蒸日上之东风，并围绕该价值主张助力构筑生态系统？

你能否乘着当下的某种趋势构思出一款新型产品,为新兴的生态系统提供邻近价值?

7.初创公司或既有的公司在价值主张上求变是否极有助于新价值主张的构思?请举出一些事例。

6.电动汽车在过去曾经失败的原因,是否可为特斯拉公司发展充电设施的战略提供参考?在这一战略里,特斯拉会面临何种风险?

8.请举出一个事例(必须是本章未举过的事例)说明公司或产品采取以下方法构思出了新的价值主张:

(1)推陈出新:跨时代

(2)推陈出新:跨地区

(3)需求层次的满足

(4)乘风破浪

(5)在价值主张上求变

第三章

产品创意的落地及解决方案

通过上一章中提到的方法构思出的价值主张是基于逻辑推理的,要相信它确实是一个好创意,仍然需要笃定的信念。在验证产品在现实市场中的确能够取得成功之前,这仍然只是一个假设。在市场真正接受价值主张之前,产品经理很难从理性角度说服人们投身于此,一起实现这一想法。要从感性角度激发团队的兴趣与热情,产品经理首先要做的就是为价值主张赋予意义。这意味着价值主张要能为人们关注的社会问题提供价值,同时愿景是能够实现的,这将为我们在寻找解决方案的过程中指明方向。一个有远见的陈述应该用富有激情的方式表达,激发人们的兴趣,并吸引有同样热情的人加入团队。接着,产品经理应主导团队共同找出产品与价值主张之间的差距,进而制订计划来减少这些差距并实现价值主张,这有助于团队齐心协力,共同寻求实现愿景的路径。当团队成员明确了他们的前进方向,并理解在实现愿景的过程中所扮演的角色时,他们就会产生归属感,进而对项目形成主人翁意识。产品经理还应设立短期的里程碑,每到达一个里程碑,都可以举办一个简单的庆祝活动来提振团队的士气。尤其是在产品从开发到发售的周期很长的情况下,这一点尤为重要。

产品经理的最终目标不仅是要提供产品解决方案，还要提供逐渐缩小现有产品与实现价值主张之间差距的方案。以戴尔公司为例，其接单生产的解决方案提供了基础级的个人电脑规格、客户能够自定义的不同配置、支持按需定制的供应链、灵活制造流程的路线图以及支持直销的基础设施建设的路线图。以腾讯公司为例，为了在20世纪90年代的中国市场上实现即时通信价值主张，其解决方案提供了一个在服务器间实现即时通信的程序，以及建立即时通信服务网络，并通过该服务网络吸引用户参与聊天活动。

如果预期当前趋势会导致现有产品和价值主张的差距增加或减小，那么解决方案就需要包括考虑这些趋势的路线图。换言之，解决方案不仅应包括产品或服务本身，还应包括如何购买、交付这款产品或服务以及如何使用它来满足人们需求的路线图。

设计是一种为了创造某个物体、系统或实施某项活动而进行的规划，而设计思维则是引导设计概念产生的认知过程。赫伯特·西蒙（Herbert A.Simon）于1969年首次提出将设计思维作为解决复杂问题的一种方法。20世纪90年代，全球创新设计公司IDEO率先将设计思维应用于咨询行业，帮助企业进行工业设计。IDEO公司的执行主席曾表示："设计思维是一种以人为本的创新方法，透过设计师的工具箱，将人们的需求、技术的潜在性和商业成功的需求相结合。"从2005年开始，斯坦福大学哈索·普拉特纳设计学院（The Hasso Plattner Institute of Design）便将设计思维作为应对技术、社会和商业创新问题的通用方法进行教学。设计思维过程涵盖了3～7个阶段或模式，但其基本原则都相同：采用一种交互式的过程去理解用户需求、挑战既定假设、重新定义问题，从而找出那些在最初的构思中未曾察觉到的策略和解决方案。在这个过程中，产品经理并不一定能找到最佳解决方案，但或许能找到一个意料之外的好方案。

设计思维过程

斯坦福大学提出的设计思维过程分为五个阶段：移情、定义、构思、原型、测试。这个过程是非线性的，这些阶段并非按照顺序进行。它们可以并行发生，也可以反复迭代。图3-1说明了在一个阶段中进行的活动是如何为其他阶段提供更好的准备的，其中的箭头并不代表流程的进行顺序，而是代表一个阶段中的活动如何为你在另一个阶段提供更有利的信息。迭代是优秀设计的关键，可以在这些阶段的子集中循环进行，或在单个阶段中反复进行多次。在经过多轮迭代后，问题的范畴将逐渐缩小，产品经理的主要任务也从处理较为宽泛的问题转向处理解决方案的细节。

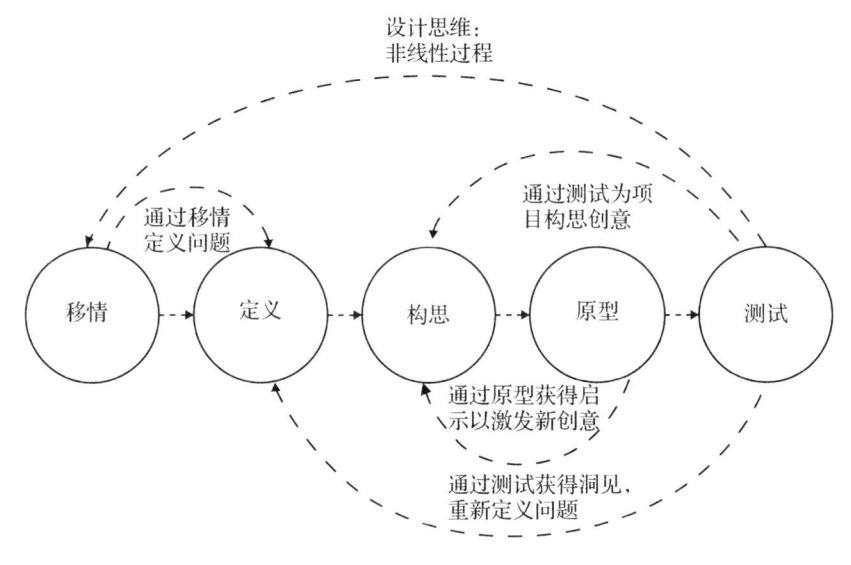

图 3-1　设计思维：非线性过程

1.**移情阶段**：要实现提出的价值主张，就需要找到供给侧和需求侧之间的匹配关系。需求侧是指能从价值主张中获取收益的人群，而供给侧则是指能够为实现价值主张提供产品或服务的经济主体。通过理解需求侧，我们能更好地判断提出的价值主张是否能获得消费者的认同。通过理解供给侧，我们能更好地预测供给侧的经济主体是否愿意参与其中。理解供需双方能帮助我们找到产品与实现该价值主张的差距，而移情则有助于我们理解需求和供给双方的行为方式及其背后的原因、他们的身心需求、他们看待世界的方式以及哪些事情对于他们来说是有意义的。

这一切都可以通过观察、互动、观摩和倾听来实现。

我们可以通过他们的活动观察他们的行为。注意他们所说的和他们所做的之间是否存在不一致的情况，以及他们是如何通过变通来解决问题的。这些观察提供的信息可能是我们从日常对话中无法得知的。

互动可以看作一种采访技巧。提前准备好问题的采访可以引导他们给出你想要的信息，但不能让受访者自由地表达他们的想法或感受。与他们互动，要让他们感觉更像是在和朋友聊天一样。你可以准备一些问题，但不要局限于这些问题。在对话的过程中，自然地决定提出问题的时机。在适当的时候，你可以将对话引向预先准备的问题。常说"跟我说说你的故事"以及常问"为什么"是深入了解他们需求和所看重的价值主张的好办法。这也不失为一个建立关系和信任的好方法。

在观察和互动的同时，你可以尽量少说话，多观摩和倾听，让他们告诉你为什么要做他们正在做的事情。你还可以选择在对方的舒适环境中与其进行交谈，如他们的家中或者工作场所，对方会更愿意向你分享他们的个人故事。

移情阶段是一个发散思维过程。在这个过程中，我们需要去接触和理解价值主张中的供给侧和需求侧。在移情阶段，我们不做出任何结论，只是从现实世界中获取事实。用笔记本记录下我们看到和听到的内容，不添加任何个人的观点或结论。结论部分要留到定义阶段挖掘。一个主要的问题在于，在移情的过程中，我们应当设置多大的发散范围。大范围覆盖需要较高的成本，因此我们应先选择较小的发散范围，然后根据定义阶段中得出的结论选择一个不重叠的更大范围，逐步重复这个过程。产品经理需要基于收集的信息和得出的结论，制定出如何迭代、扩大发散范围的策略。

2.定义阶段：定义阶段的核心是将待解决的问题进行明确和聚焦，目标是确定所提出的价值主张是否有意义。如果确实有意义，就需要找出产品与价值主张之间的差距，然后以此为根据，制定一个行动问题陈述，引导团队制定一条路径或者一个路线图来弥补这些差距。这样的陈述我们称为产品视角（POV）。一个好的产品视角应该能捕捉到待解决问题的核心所在，为评估可行解决方案提供标准，激励团队，赋予团队相互协作解决问题的能力。以下案例说明了团队是如何利用在移情阶段收集到的信息，来判断价值主张是否有意义的。

"极致性价比设计"（Design for Extreme Affordability）是斯坦福大学哈索·普拉特纳设计学院开设的一门课程。在课程中，学生组成小组，为棘手的现实问题提出解决方案。一个四人小组接到了一个项目：为发展中国家设计一款低成本的婴儿保温箱，用于拯救早产儿的生命。初看起来，这似乎是一个工程学项目，核心在于设计出的新型保温箱能够通过最小化部件或使用更低成本的材料来降低总成本。但是，这门课程强调的是应用设计思维的过程，小组成员被鼓励"站在用户的角度去感受"。

婴儿保温箱的使用环境是医院，小组的一个成员得到资金支持，前往尼泊尔亲身了解医院对保温箱的需求。他到尼泊尔一所医院参观，发现许多捐赠的保温箱都是闲置的。他向医护人员询问了原因。一位医生解释说，保温箱闲置是因为很多有需要的新生儿都在远离医院的乡村出生，由于交通十分不便，母亲们无法把婴儿带到医院来。

听完医生的解释，小组成员恍然大悟。他们最初要解决的问题，并不是真正的问题。糟糕的交通基础设施和村庄与城市之间遥远的距离才是问题所在。产品的价值主张与用户实际体验差距过大，无法仅靠小组团队的努力来填补。与其竭力弥补价值主张差距，不如调整价值主张使其富有意义而且切实可行。保温箱只是实现目标的一种方式，真正需要解决的问题是如何挽救生命，而非制造更经济实惠的保温箱。小组成员聚在一起讨论了他们的发现。通过迭代，他们提出了一个新的、有意义的价值主张——帮助偏远村庄的父母提高他们新生儿的存活率，由此衍生出的产品视角是"需要制造一种能帮助婴儿存活下来的保温装置"。这一观点引导该小组设计出一款低成本（比传统的婴儿保温箱便宜99%）且简单易用的医疗器械产品：婴儿保暖袋。该小组把一项课堂项目转变成了现实生活中的产品。

如果小组中有人来自发展中国家，并且对当地环境熟悉的话，他们可能会立刻察觉到最初的问题可能毫无意义。但事实上，市场上没有像婴儿保暖袋这样的产品出售，这意味着当时的人们仍然认为保温箱是提高婴儿存活率的解决方案。很多时候，人们会因为自身的经历、学习和生活环境及文化背景而固守某种思维模式。移情与定义两个阶段之间的思考迭代过程，可以帮助人们跳出既定思维，打开思路。

再来看看腾讯QQ的发展历程：即时通信技术使得人们能够过网络进行实时的文本传输。1997年，美国在线公司（AOL）发布了一款即时通信软件AIM，只要双方同时在线，就可以让注册用户实时沟通。从20世纪90年代末到21世纪初，AIM在北美地区非常流行。20世纪90年代末，美国在线公司和许多中国本土公司开始在中国推广即时通信软件。由于即时通信在美国取得了成功，它们全都决定为中国市场提出相同的价值主张。除腾讯外的所有公司都认为产品与价值主张之间的差距只在于语言不通。腾讯的创始人却认为，产品与价值主张之间的差距远不只是语言不通，中国的大多数年轻人并没有个人电脑，这也是一个很大的差距。这两种不同的观点衍生出了两种不同的解决方案：一种是在两台个人电脑之间发送信息；另一种是从个人电脑发送信息到服务器，然后在公共网吧通过接收器提取信息。需要注意的是，所有参与即时通信市场的企业都可以获取到中国年轻人个人电脑占有率的市场数据。除了腾讯，所有公司在评估产品与价值主张之间的差距时都未包括这一数据，这说明它们要么没有获取这一数据，要么就是获取了数据却忽视了它。

定义阶段是一个收敛思维过程，它将从移情阶段收集的信息以及通过测试所获得的反馈综合起来，确定价值主张是否有意义。如果是有意义的，就需要明确阐释实现该价值主张需缩小的差距。事实上，这是一个主观判断的过程，取决于团队成员的背景、知识和经验。团队中具有洞察力的成员能够极大地提升这一阶段的工作效果。

3. **构思阶段**：构思阶段的重点在于创意的产生。这是一个发散思维过程，它将理性思维、想象力、超出常规的思考方式和对现状的挑战组合在一起，用于产生许多对于如何解决特定问题的想法。为了针对特定价值主张缩小实际差距，我们需要在三个层次中解决问题：第一个层次是确定需要解决哪些问题，才能传递价值主张，并在某个细分市场中取得竞争优势；第二个层次是提出假设性的解决方案，目的是解决在第一层中确定的问题，以此来缩小产品与价值主张之间的差距；第三个层次是制定解决这些问题的路线图。在早期迭代中，产品经理要对第一个层次的问题进行构思，然后针对第二个层次的问题进行构思，最后在后期迭代中，对第三个层次的问题进行构思。

在戴尔公司的案例中，产品经理要解决的问题是在接单生产的愿景下实现竞争优势，这包括：（1）顾客在下单时可以选择的定制选项；（2）下单的便捷程度；（3）从接到订单到将产品送到顾客手中的最长时间要在顾客可以接受的范围内；（4）具有成本效益的直销渠道。

从接到订单到将产品送到顾客手中的最长时间要在顾客可以接受的范围内这一问题可以进一步分解为几个子问题：模块化设计中针对存货生产和接单生产的模块部分；接单生产模块的供应商所在位置；优化装配流程以减少生产时间，以及单一产品具有成本效益的交付方式。模块化设计、供应商的位置和生产过程三者是相互影响的。定制选项可能会影响客户从下单到收货所能接受的最长时间。

在早期阶段，产品经理要在每次迭代中针对一个独立的问题进行构思，对于相关的问题，将它们归为同一类。在后期阶段，每次迭代产品经理都要单独针对现有的供应商网络、直销渠道和定制选项的路线图进行构思。

1956年，本田公司的创始人构想了一个愿景：为发达国家和发展中国家的城乡居民提供两轮摩托车。当时，本田公司经营的业务是摩托车和自行车助力发动机，这个愿景对于他们来说是可以触及的。"二战"结束后，日本有很多被毁的道路正在重建。对于初期比较狭窄的道路来说，实用的摩托车是最佳选择。本田公司首先把目标市场锁定在日本。为了在日本市场中获得竞争优势，他们需要解决的问题是：（1）制造可靠的、易于维护的、易于使用和安全的、操作简便的摩托车；（2）建立高效的分销渠道；（3）发送吸引顾客的广告信息。在早期阶段，产品经理可以针对每个问题在每次迭代中进行构思。到了后期阶段，产品经理可以针对用户群体的扩展和开发分销网络的路线图进行构思。

阿里巴巴集团自1999年成立以来，一直从事B2B业务。它的业务主要是帮助全世界的公司在中国找到供应商。该业务的增长情况在当时并不理想。2003年，非典疫情在中国暴发，许多国家对正在考虑赴中国的商人发出了警告。由此，阿里巴巴的在线B2B业务大幅下滑。然而，马云却捕捉到了这个机会，在那一年创立了阿里巴巴集团内的B2C业务——淘宝网。当时，中国最大的B2C平台是易贝网（eBay）。在短短的两年间，阿里巴巴顺利超越了易贝网，成为中国B2C平台的领头羊，易贝网也由此于2006年退出中国市场。

为了理解阿里巴巴为何能超越易贝网，我们需要探究在中国的B2C电商领域要解决哪些问题，才能缩小产品与价值主张之间的差距。当时，中国并不具备全国性的信用系统。尽管中国银联在2002年开始发行信用卡，但只有高净值人士才能获批。大多数普通人无法在B2C电商平台上通过信用卡付款。而且，中国的消费者保护法较为薄弱，零售交易不支持退货政策。因此，要建立在中国B2C电商的市场地位，就需要解决下述问题：（1）在电商平台上建立买卖双方的信任；（2）在电子商务平台上提供安全的交易；（3）引导买家使用平台；（4）吸引卖家加盟平台；（5）保护买卖双方的权益；（6）提供高效的送货服务。

截至2003年，中国所有的B2C平台都在努力解决前四个和第六个问题。尽管易贝网在美国通过某种方案解决了第二个问题，但是当这个方案在中国施行时，却不尽如人意。阿里巴巴针对第二个和第五个问题给出了明确的解决方案，并且找出了适合中国国情的应对策略。这是美国公司在将产品或服务扩张到文化环境、基础设施和法律政策截然不同的其他国家时常忽略的问题。

需要注意的是，找出需要解决的问题，针对第一个层次的思考是存在局限的。需要解决的这些问题涉及产品供应、生产、销售、分销以及生态系统成员的忠诚度，但是对于具体的价值主张，另一些问题（如基础设施状况、技术状况和文化背景等）对成功的可能性影响更大。就像阿里巴巴的例子一样，找准需要解决的问题，就已经成功了一半。构思好的创意需要深刻的洞察力以及逻辑严密的思考。找到一个对产品或服务投放环境有深入见解的人，能在很大程度上帮助团队构思好的创意。

如果价值主张是全新的，不受人们已有经验的影响，那么解决特定问题的第二个层次会更为开放。例如，在iPhone发布之前，谁会想到手机竟然可以没有键盘呢？

本田公司曾开发出一款名为 Supercub 的摩托车，能够满足它们的愿景，但它们发现传统的摩托车销售渠道并不够有效。于是，它们开创了新的销售渠道，包括运动门店、超市、大学书店和自行车店。阿里巴巴则开发了支付宝来解决支付安全问题，保护买家和卖家的权益。支付宝最初就像一项没有交易手续费的第三方担保服务，当用户决定在淘宝平台购买某种商品时，他们会先将款项支付给支付宝。支付宝收到钱款后，淘宝平台会通知卖家发货。买家收到商品后，可以有七天的时间决定是否要保留该商品。买家在收货后的七天内，若对商品满意并通知支付宝，支付宝就会将钱款全额支付给卖家，并且不收取任何服务费。如果买家不满意并申请退货，他们可以免费退货并得到全额退款。支付宝通过托管资金的利息来支持其业务开展，经历了许多次的变革，如今发展成为全球最大的在线和移动支付系统。

面对开放式问题，产品经理需要跳出固有思维模式，大胆想象，去思考一些旁人看来不可思议的可能性，并挑战主流现状，才能构思出出乎意料的解决方案。为此，通常可以运用头脑风暴。由于创意的产生极大地依赖于每个人的知识、经验、思维方式和创新能力，所以参与头脑风暴的人选至关重要。在头脑风暴中，邀请能够跳出思维定式的人参加，将大有裨益。在咨询实践中，头脑风暴通常在正式的会议场合中进行。会议由专门的主持人来控制流程。好的主持人应当了解待解决的问题，并能带领团队进行创新思考。会议成员应保持开放的思维，并且在特定问题的解决方面有各自的背景和经验。主持人要鼓励参会人员跳出固有思维，让所有人都能够自由地表达他们的想法。头脑风暴的原则之一是不能否定他人的建议，但是可以在他人建议的基础上进行拓展。主持人要避免大家陷入群体思维，鼓励可能会与已有提议相冲突的想法。头脑风暴的重点在于产生尽可能多的想法，而并非对这些想法进行评判，这样能够激发大家的创造力和想象力，产生一些意想不到的解决方案。头脑风暴还有助于汇总和利用参会成员的观点和优势。每次头脑风暴都应当设定时间限制以节约成本。

针对不同的问题进行的头脑风暴，可能需要不同的人来参与。头脑风暴也可以在一个小房间或开放空间中，由一些关键人员在非正式的场合中开展。头脑风暴的结果优劣并不取决于参与的人数或者产出的想法数量，而是要看产生了多少出乎意料或者具有突破性的想法。创意的产生具有主观性，因此头脑风暴的结果优劣更多地取决于参与的人是否合适，而非过程本身。

在规划路线图的第三个层次的思考中，我们的思维同样是有局限性的。此时，我们需要的是深入地洞察和缜密地思考，而不仅仅是跳出固有的思维框架。

4. 原型阶段：在原型阶段，我们需要创造出用户可以进行互动的模型，从而引导出用户更多的情绪和反馈。此时，我们需要考虑一个针对特定问题的假设性解决方案，用于缩小产品与价值主张之间的差距。为了验证这个假设性解决方案是否可行，我们需要确认一些与用户接受程度相关的假设是否正确。我们可以选择一个假设，然后为之构建一个原型，借此来引导用户做出有效的反馈，从而验证这个假设是否正确，或者更多地了解用户对问题的态度。原型可以是任何人都能够与之互动的东西，可以是一个实体物品、一幅画、一个故事板，甚至是一次角色扮演。在构建原型时，我们必须事先对假设和用户进行足够的思考：希望获得哪方面的信息？想验证哪些假设？哪些因素能够驱使用户和我们的原型进行互动？这些问题，都是在我们构建原型时必须考虑的。原型阶段同时也为我们提供了一个直接与用户进行交谈的机会，从而在测试阶段获得有价值反馈。

在 TMC 的案例中，产品团队要解决的问题是如何设计一款镶嵌珠宝的手机，以吸引二、三线城市的高收入人群。产品团队制作了一个简易的翻盖手机原型，在翻盖部分镶了一块珠宝。他们想验证二、三线城市的高收入人群是否会喜欢这款镶嵌珠宝的基础款手机。这个案例中的原型只是一个手机壳，并不是一个真正可用的手机，但时尚的设计使其外观更为美观，能够给用户在携带和使用电话时带来优良的体验。无论是拿在手上走动还是拨打电话，这块珠宝都非常引人注目。他们向二、三线城市的一些高收入人群展示了这个原型，结果没有人在乎这个手机的功能性。这些人只关注拨打电话时珠宝是否能露出来以及手机的价格。

在戴尔公司的案例中，有一些假设是需要验证的，其中一个是，客户是否会认可通过传真机直接下单这样的方式。为了验证这一假设，戴尔公司可以制作一个生动展示通过传真机下单过程的互动故事板。另一个假设是，戴尔公司是否能够吸引供应商将工厂设在其装配厂附近。针对这个假设，戴尔公司可以设计一个场景，邀请几位供应商参与角色扮演，提供一张标有装配厂位置的地图，向他们提问，如果销售额能达到一定水平，他们是否愿意将工厂搬到附近。

YouTube（优兔网）上有段名为《Speedee服务系统》（*Speedee Service System*）的短片，展示了麦当劳兄弟是如何为汉堡快速接单生产系统建立原型的。他们选择了网球场来代表厨房的空间，并用白粉笔画出厨房的布局。麦当劳兄弟和整个厨房团队按照接到订单的流程模拟演示了整个生产过程，通过调整布局以提升汉堡制作的速度。在经历了多次不断的试验和改进之后，他们最终完成了麦当劳Speedee服务系统的厨房布局。这个片段来自一部名叫《大创业家》（*The Founder*）的传记电影，它讲述了麦当劳的发展历程。这段短片是否真实地还原了麦当劳兄弟们对"Speedee 服务系统"原型的设计,这并不重要,重要的是,它为我们展示了如何制作出成本合理、效果显著的原型,以便验证装配布局是否达到预期的效率。

对于很多软件和手机应用产品而言,一个具有互动性的故事板或者一段视频都是很好的原型,可以获得用户的意见反馈。

原型作为一种工具,可以用于验证假设或者获取更多的用户信息。通过不断地迭代原型,我们可以确认一个假设是否成立。在早期阶段,我们可以尝试制作一些简单且成本低的原型以验证我们的假设性解决方案,以便在后期阶段开发更精细的原型来挖掘更多细节。原型阶段是一个运用收敛思维的过程,通过整合在构思阶段产生的创意,创建有效的工具来测试假设性解决方案。构建原型其实也是一种在框架内寻找解决方案的创造性过程。构建能够解决假设问题的良好的原型,需要依赖团队成员的背景、经验、知识和在框架内的创新能力。

5. **测试阶段**:测试阶段是通过用户试用原型后的反馈来检验我们的假设是否正确,并进一步深入了解用户需求。在早期的迭代阶段,测试阶段有助于我们进行换位思考,并更深入地理解经济主体对产品价值主张的看法。在这个阶段,应专注于探索"为什么",以确定我们的价值主张是否有意义,找出实现价值主张的关键差距所在,并进一步激发新的创意。如果原型是实体物品,可以让用户拿去使用，观察他们如何使用它，或者与他们进行随意的交谈，了解他们的使用体验。如果原型是一个故事板，可以在讲故事的过程中征求反馈并进行随意的交谈。如果原型是一次角色扮演，应尽量在一个能模拟真实情况的环境中构建场景，观察用户在角色扮演中的反应，并进行随意的交谈。

设计思维并不是解决特定问题的一劳永逸的办法。它是一个过程，可以让我们敞开思想，更深入地理解他人，鼓励具有不同技能和思维方式的人合作，集体创新以解决一些最棘手的问题。在设计思维中，迭代是关键，但迭代本身也包含了主观的构思和判断。敏锐的观察、具有逻辑性的思考、"大胆想象"的开放思维以及框架内的创新思维，都是在有效的设计思维过程中所必需的。因此，选择合适的人加入相较于过程本身而言更为重要。

问题空间思维与解决方案空间思维

问题空间对于每个人而言，就是他们自身所面临的各种问题。痛点、诉求、待完成的任务等，都可以成为这些问题的源头。人们会为其问题空间中的每一个问题贴上一个价值标签，表示解决这个问题于他们的迫切程度和重要性。每个人的问题空间以及解决问题所带来的价值会随着外部环境的变化而不断变化。

问题空间的思维过程是产品团队从一开始的价值主张

出发，最终形成产品视角的过程。在这个过程中，团队需要思考什么样的价值主张能解决大多数人迫切且重要的问题，然后构建一个产品视角来指导产品开发，以期实现这一价值主张。这个过程同样包含两个循环进行的子阶段：第一个阶段是一个"发现"的过程，在这个过程中，团队通过移情的方式找出人们的迫切需求和重要问题、他们现在是如何处理这些问题的以及哪些痛点仍然存在；第二个阶段是一个"收敛"的过程，在这个过程中，团队将收集到的信息合成，以确定价值主张是否有意义，如果有意义，就找出需要缩小的差距，以实现价值主张。需要注意的是，这个过程中的发现问题以人们问题空间的思考为主，而分析问题则是把信息合成，构建出一个产品视角。

产品视角的解决方案空间是为实现价值主张而构建产品、提供服务等缩小实际差距的所有实施方式的集合。每种实施方式都与公司的成本以及给客户带来的利益紧密相关。

解决方案空间的思维过程是产品团队从产品视角出发，探索到解决方案空间原型的过程。在这个过程中，团队需要思考出最具成本效益的实施方式，来弥补产品视角中的实际差距。这个过程同样包含两个循环进行的子阶段：第一个阶段是一个"发现"的过程，在这个过程中，团队通过头脑风暴来探索可能减小差距的实施方案；第二个阶段是一个"收敛"的过程，在这个过程中，团队会评估提出的每个实施方案的成本效益，并从中挑选出一个，构建原型进行测试。需要注意的是，在这个过程中，发现阶段的思考是围绕产品视角的解决方案空间进行的，而收敛阶段则是对解决方案的成本效益进行评估，并据此构建原型。

产品成功的关键在于在产品设计开始前，产品经理对客户的问题空间有着深入的理解。遗憾的是，多数客户并不能清晰地表达他们所面临的所有问题，同时也很难明确阐述他们想收获的具体利益及其重要性。经验告诉我们，在解决方案空间中，客户提供反馈的能力更强。如果将新的产品或设计展示给客户，他们就可以告诉你他们喜欢什么、不喜欢什么。他们会将这款产品或设计与其他解决方案做比较，找出优缺点。因此，与其直接向客户提问，不如构建一个原型，通过测试与客户进行解决方案空间的讨论，这样在理解客户需求上会更有成效。为了构建一个真正可以解决客户问题的产品，我们可以从问题空间开始提出假设，用问题空间思维来构建产品视角，然后利用解决方案空间思维来测试和改进提出的假设，进行迭代优化。

设计思维可以看作问题空间思维和解决方案空间思维之间的相互作用，测试的目的是与客户进行解决方案空间的讨论，帮助产品团队更好地理解客户的问题空间。从问题空间思维过程中得出的产品视角，能够为产品开发设定问题框架。如图3-2所示，对于产品开发来说，一个合适的问题框架需要经历反复的迭代过程,这就是双钻模型的迭代过程。

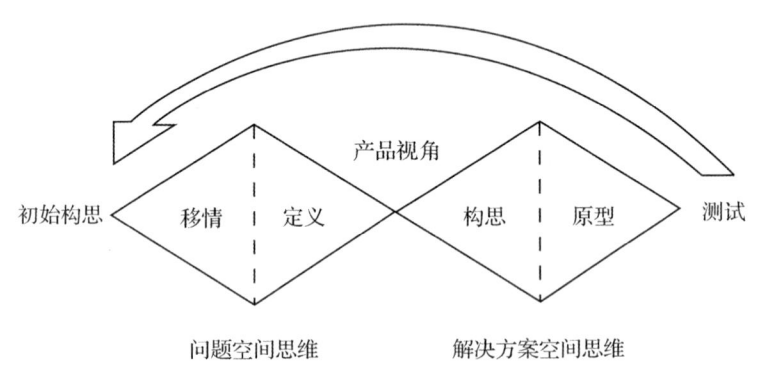

图 3-2 双钻模型的迭代过程

在问题空间和解决方案空间之间更正需求

如今的市场上充斥着各种失败的产品,失败的主要原因通常是产品团队过于关注具体的解决方案,而非问题本身,导致开发出来的产品不能满足客户的实际需求。"为发展中国家设计一款低成本的婴儿保温箱,用于拯救早产儿的生命"就是一种解决方案空间的思考。产品视角固定下来后,产品团队的任务就是通过问题空间思维寻找解决方案。然而,产品团队提出的解决方案可能并不能解决真正的问题。"帮助偏远村庄的父母提高他们新生儿的存活率"则是学生团队通过问题空间思维得出的产品视角。

许多在美国取得成功的产品,在中国却屡屡碰壁,其主要原因在于，产品团队未能理解中国客户与美国客户截然不同的问题空间，因为这两国的文化、基础设施和政策各不相同。他们想当然地把美国客户的问题空间放在中国客户身上，认为只需要对产品稍加修改，就能在中国市场复制美国市场的成功。殊不知，由于没有深入理解中国市场的问题空间，他们的产品并未解决中国客户真正面临的问题。美国在线公司、易贝网和优步就是其中的典型代表。

应对难以估量的不确定性

在将创意化为解决方案的过程中，产品经理通常会遇到许多难以估量的不确定性，其中大多源于人们对新情境的反应。哪个细分市场会青睐我们的产品？谁会有意向销售这个产品？我们的团队实力足够强大吗？如何打造一条强大的供应链？如何让其他合作伙伴愿意为我们提供配套产品？设计思维不仅可以用于创造好的产品设计，更可以作为一种风险管理工具，在将创意化为解决方案的过程（从 0 到 1 的产品创新）中，降低难以估量的风险。在面对难以估量的不确定性时，产品经理不应随大流、以主观认知来下定论，或者依赖常识，而是应当运用设计思维去挖掘和探索，最终得出有事实依据的创新解决方案。在开发新产品、为进入市场寻找立足点、巩固细分市场的地位以及扩张市场以获取盈利等方面，产品经理都可以运用设计思维。换言之，产品经理可以借助设计思维，在将价值主张变为优秀的产品的过程中降低难以估量的风险。每当产品经理面临一种难以估量的风险时,他们都需要找出具体的问题空间,并通过在双钻模型的两个菱形流程之间反复迭代,明确需要解决的问题,直到找到最终的解决方案。

从0到1的产品创新过程存在四个等级的风险,其中第一级的风险最高,随着等级的提升,风险会逐级降低。第一级是市场进入风险,即产品是否能找到市场的问题,其关键就是能否解决客户的痛点;如果在某个特定的细分市场中有一部分客户接受了产品,那么就可以认为这个风险已经消除。第二级是价值主张风险,即是否有足够的客户接受产品的价值主张,其关键在于如何处理价值主张在需求侧和供给侧之间的平衡;如果有足够多的人购买这个产品,那么风险也将随之消除。第三级是市场竞争风险,即产品是否具备在市场中生存的竞争力,其关键在于现有的和新的竞争对手对市场扩张产生的影响;如果产品在市场中确立了显著的地位,那么这个风险就已经消除。第四级是扩张风险,即公司能否扩大运营规模,以便利用规模经济在更大的市场中建立自己的主导地位,其关键是如何扩大运营规模;当产品在市场中保持持续增长且市场潜力巨大时,这种风险就消除了。图3-3清晰地描绘了这四个等级的风险,最底层的风险是最难以估量的,风险程度也是最高的。

```
        扩张风险
       市场竞争风险
      价值主张风险
     市场进入风险
```

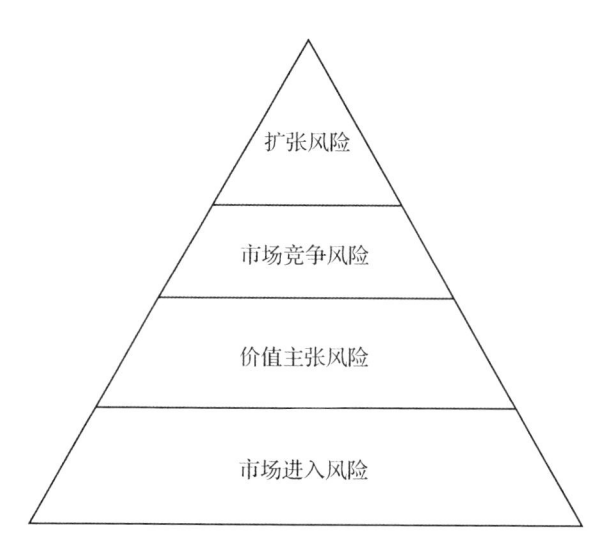

图3-3　从0到1的产品创新过程中存在的四个等级的风险

产品经理的核心职责，就是找出一种经济高效的方式，自下而上地逐级消除风险。

1. **消除市场进入风险**：一个团队也许能够孕育出一款全新产品的绝妙创意。在证实有人真正愿意购买这款产品之前，我们所有的一切创意都只能停留在想法的层面。现实中，很少有人愿意冒险投资一个无法保证收益的想法。只有那些和你有共同愿景的少数人，才可能愿意冒险投资。即便如此，投资的代价仍然非常高昂。因此，我们需要尽量用最小的代价来消除这个风险，即开发一款功能简单，但能为首批目标用户提供足够价值的产品（进入市场），并成功地在这个目标群体中销售给一部分用户来消除这个风险。

2.消除价值主张风险：产品在某一细分市场中能够成功吸引一些客户，就意味着它有可能赢得该细分市场的其他用户，从而为产品成功降低风险。为了进一步降低风险，我们需要证实产品的确能够吸引该细分市场中的其他用户。为此，我们可能需要引入经济主体来提供支撑，使细分市场的客户能认可我们的价值主张，并支撑我们的产品，最终在降低成本的前提下扩大产品市场。例如，建立销售和分销渠道，寻求可靠的供应商，等等。我们不只需要关注产品本身，还需要将重心放在构建一个强大的立足点，以此来触达并吸引到该细分市场中足够的用户，消除价值主张风险。

3.消除市场竞争风险：当价值主张风险消除后，竞争者就会冲入市场，试图推行相同的价值主张。此时的风险在于我们可能无法在市场上抵挡住新的竞争对手的冲击。我们需要巩固产品的立足点（包括对当前产品做出改进），并针对当前细分市场围绕客户生态系统制订一套客户忠诚度计划，以此来巩固现有的市场地位。扩展产品的市场结构（包括在当前的产品中增添新的功能）将有利于我们拓展其他的细分市场。这种扩展可以是在同一区域内向不同的细分市场发展，或是向不同区域的同类细分市场发展，甚至两者兼顾。只有当占据一个规模足够庞大的市场时，市场竞争的风险才能得到消除。

4. 消除扩张风险：只有具备扩大经济规模的能力，我们才能在市场上确立稳固的地位。消除扩张风险的重点在于确保我们的产品具有扩展性，并且要提前做好储备，以应对在稳固的市场结构下，由产品生态系统的忠实客户所带来的需求指数的增长。率先建立起强大的生态系统和忠诚的客户群体的产品，将在市场中赢得无可比拟的优势。如果能够在一个巨大的市场中实现可持续的增长，扩张的风险就会随着规模的扩大而消失。

在产品发展的每个阶段，产品经理都会遇到不同类型的无法估量的风险，需要运用从不同问题空间出发的双钻模型迭代来降低风险。第一阶段的风险主要是产品是否能与市场匹配，此时的重点是以最小的代价开发出最小化可行产品，并将其推向目标细分市场中的少数客户。第二阶段的风险来源于产品能否在同一细分市场中被其他客户接受，其中的关键在于建立产品的市场结构，以便更深入地打入目标细分市场。第三阶段面临的风险则是能否保住现有市场并扩张至其他市场，其中的重点是在当前细分市场内培养客户忠诚度，并扩展市场结构以便进入其他细分市场，同时保持竞争力。到了第四阶段，风险主要在于公司能否在市场中占据主导地位，这一阶段的重点是确保产品具有可扩展性，并做好足够的储备以应对需求指数的增长。在每个阶段运用设计思维能让产品经理始终保持警惕，随时关注他们可能需要实时应对的外部变化。很多时候，一个前期取得成功的产品最后走向失败，原因往往是产品经理过于乐观地看待外部环境，而未能及时采取适当的措施来应对外部变化。这也是一些原本很酷的产品未能真正变成优秀的产品的原因。

设计思维过程的有效性取决于我们所面临的问题是开放式还是局限的。面对开放式问题时，如果找不到合适的解决方案，风险便会相对增加，此时设计思维过程可能无法发挥出应有的效果。如果问题局限在一定的范围内，找到合适的解决方案的可能性就会大大提高，此时的设计思维过程将会非常有效。利用在早期阶段获得的信息、知识和经验为后期的问题设定范围，能够提高设计思维过程的有效性。例如，如果客户基数较大，通过制订客户参与计划，我们可以了解更多关于客户的信息，与其形成更密切的关系，在移情阶段就会更有成效。我们可以更准确地预测客户的行为，进而为问题设定更精确的范围。同时，利用历史市场数据从竞品中获得的信息和知识，也有助于我们为需要解决的问题设定范围，从而提高设计思维过程的有效性。

讨论问题：

1. 聊聊那些给你带来启发的产品。为了缩小价值主张差距，你是如何规划路线图的？你认为这款产品会沿着何种路线发展？背后的原因是什么？

2. 在面试中，产品经理往往需要在解决方案空间思维和问题空间思维之间进行转换。从你的经验来看，你是否遇到过一些案例，其中你或他人是基于解决方案空间而非问题空间来思考问题的？这背后隐含着什么样的解决方案？其中真正要解决的问题是什么？

3. 易贝网在进入中国市场时，思维模式更偏向于问题空间还是解决方案空间？这种情况在公司扩张至海外市场时，是否经常出现？

4. 假如让你设计一个钱包，你会提出什么样的价值主张？在所有可以实现这个价值主张的解决方案中，你会选择何种问题作为切入点来进行设计？

5. 据说，20世纪60年代，美国与苏联的太空竞赛正值鼎盛时期，NASA（美国航空航天局）的工程师发现圆珠笔无法在太空环境中正常使用。为了确保宇航员能在太空中写字，他们不得不另辟蹊径。为此，他们历经数年，花费了纳税人的数百万美元，开发出一种可以在无重力环境下写字的笔。但相传，他们的对手苏联只是给他们的宇航员配了铅笔。假设这些都是事实，你对NASA和苏联双方的思维过程有什么看法呢？

6. 然而事实并非如此。实际上，NASA的宇航员用的正是铅笔。1965年，NASA订购了34支机械铅笔，每支价格高达128.89美元。NASA主要关注的问题有两个：一是铅笔尖可能会碎裂并在微重力的环境中漂浮，对宇航员或设备造成伤害；二是铅笔具有易燃性。保罗·费舍尔（Paul C.Fisher）和他的公司投入了100万美元，开发了一款在1965年获得专利的太空笔。这款笔在使用时不依赖重力，而是通过压缩的氮气的推动使墨水流向笔尖。NASA和苏联太空署以每支笔2.39美元的价格购入了这款太空笔。你从这些真实事件与虚构的故事中领悟到了什么道理？

7. 在进行头脑风暴时，如果你注意到大部分人的想法都过于保守，缺乏创新，你将会如何应对？

8. 爱彼迎是如何一步步克服四个等级的风险的？你从它的历程中学到了什么？想一想你喜欢的一个产品或公司，它又是如何克服四个等级的风险的？

第四章

精益创业、原型产品的创新设计

早在 2017 年，特斯拉就计划在中国开设工厂，并将产品销往当地市场及世界其他地区。彼时，中国的中产阶级超过 40 万人，中国政府正在推广电动汽车。广受美国人喜爱的特斯拉汽车，也获得了部分中国市场的认可，这意味着特斯拉在中国电动汽车市场上具备很大的潜力。在中国生产电动汽车，将大大降低成本，提高盈利能力。特斯拉所面临的决策问题不是他们是否应该在中国生产特斯拉汽车，而是如何实现这一目标。特斯拉遵循正常的审批路径，开始与中国政府对话，以获得在中国生产和销售汽车的许可。同时，他们撰写了一份商业计划书，阐明了市场的规模、为全球市场生产电动汽车需要解决的问题以及积极进入中国电动汽车市场的方案。投资界对该计划书的满意程度决定了特斯拉项目的融资前景。几十年来，这种以商业计划书为中心的产品管理法是传统创业智慧的积淀。2010 年之前，大多数科技初创公司都会出具一份商业计划书，然后向投资者推介，组建团队，推出产品，并积极地开展销售。许多大公司则使用这种模式来启动新项目，结果是不成功便成仁。研究统计表明，75% 的初创企业失败了。

第四章 精益创业、原型产品的创新设计

商业计划书中心法能够奏效的基本前提是产品的价值主张已被广为采纳。就像特斯拉的案例一样，企业面临的挑战只是如何填补市场空白。商业计划书旨在阐明正待解决的问题及相关解决方案。但是，对于创业公司或大公司的新项目来说，新的价值主张是否有意义，需要解决的问题是什么，这些都是未知数。在这种情况下撰写商业计划书，其内容必定会"纯属虚构"、脱离实际。所以，商业计划书中心法不适合新技术初创企业和大公司的新项目。从0到1的产品创新过程，也是一个发掘和落实价值主张的过程，具体来说就是首先要发掘一项符合市场需求、许多人会买单的价值主张，然后实施能让这一价值主张落地的计划。发现和落实价值主张是一个相互整合的过程，而商业计划书处理的是落实价值主张的问题。

自17世纪以来，弗朗西斯·培根（Francis Bacon）等思想家倡导的科学方法论被用来解决科学领域的问题。该方法论指的是，首先深入观察自然现象，并据此提出一个假说；其次设计实验，对假说进行测量和检验；再次根据实验结果，对假说做出完善、修改、补充甚至证伪；最后不断地重复这个过程，直到观察数据切实验证了某个特定的假说，这时就可宣布一套基础理论诞生了。设计思维流程与科学方法论的操作流程有异曲同工之妙。在从0到1的产品创新阶段，我们可以应用科学方法论，通过其中的问题空间思维准确发现产品项目的问题，并通过解决方

案空间思维来解决它们。科学方法论的操作流程与设计思维流程都包括观察、形成假设或假定、设计测验以确定假设或假定的正确性，然后迭代修正假设或假定以得出解决方案。这两者之间的区别在于形成假设或假定和设计测验的环节。

从0到1的产品创新阶段中的重要问题之一是产品与市场的适配度，另一个问题是对细分市场的选择。根据安德里森（Andreessen）的说法，产品与市场的契合意味着产品具有良好的盈利空间，并且满足该市场的需求。一旦企业家发现了具有潜力的、产品与市场适配度高的新项目，并且找准了细分市场，他们就可以撰写一份可信的商业计划书并加以执行。换句话说，在从0到1的产品创新阶段，在将创意转化为解决方案的过程中寻找正确的商业计划，就是"精益创业"的基本主题。过去十年中，这种方法在硅谷创业公司中越来越流行。这是一种创建新企业的整体方法，它将发现产品与市场的适配度、制订商业计划、阶段性融资、开拓市场策略和市场扩张结合起来。

最小可行产品

假设我们热衷于一个产品理念，我们是应该立即与他人分享，看看他们的反应，还是应该在分享之前开发一个产品原型？我们过早还是过晚地公开想法，都各有利弊。一方面，如果我们尽早分享我们的产品理念，我们可以从潜在客户那里得到反馈，这能提高产品与市场的适配度；但这也有风险，即可能有人抄袭我们的创意并抢先进入市场。脸书就是一个例子。另一方面，如果我们选择保密，并努力将创意产品化，那么这个产品可能无法符合市场需求，甚至失去商业机会。例如，数字研究公司失去了为IBM电脑开发操作系统的生意，因为其律师建议拒绝签署IBM公司的保密协议（这份协议规定IBM公司不对泄露数字研究公司的机密承担责任），而这份协议的签订恰恰是IBM公司同意开展商业合作的条件。与不同的人交谈，我们得到的建议往往有所不同。如果我们与律师交谈，他们会倾向于强调知识产权的重要性；如果我们和企业家交谈，他们会倾向于强调获得早期客户反馈的重要性。对于一个新产品来说，产品与市场的适配度风险比知识产权风险重要得多，因为如果我们的产品无法获取市场份额，那么谁还会在乎这产品的知识产权呢？

因此，企业的重点应该是在**尽可能减少知识产权风险的同时，最大限度地提高产品与市场的适配度**。这意味着在尽力保护产品理念的同时，尽量与客户互动沟通。一个办法是，与其关注产品理念，不如将重点转向产品的价值主张。我们可以在不泄露产品理念的情况下，调研人们是否喜欢某个价值主张。例如，在TMC的案例中，我们可以在闲聊中探讨某一富裕人群是否愿意拥有一个功能简单，但可以炫耀他们社会和经济地位的手机。人们会将他们的偏好告诉我们，但他们不知道我们要如何实现这个目标。

我们应当尽早开始与可能接受新价值主张的潜在客户接触（见图4-1），在产品理念成形之前，就把价值主张和项目团队推销出去。这不仅是了解潜在客户的机会，也有助于团队与客户建立融洽、信任的关系。我们可以通过设计思维流程中的早期迭代优化，挖掘出目标客户群会接纳的价值主张；通过与目标客户群的局部接触，勾勒出理想买家的人物画像，画像应包括买家的目标、痛点、愿望和购买模式。然后，再根据特定目标设计产品原型。通过产品原型，我们能够以最低的成本收集到大量目标客户的反馈。这些反馈能够反映产品的价值是否传达给了目标客户，如果没有，也能据此了解他们的偏好。这就是所谓的**最小可行产品**。最小可行产品中的"产品"一词可能有点误导，因为它不一定是通常意义上的"产品"。

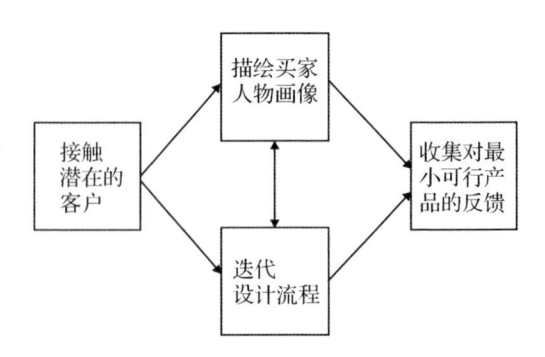

图4-1 尽早与潜在客户接触

第四章 精益创业、原型产品的创新设计

以下是四个具体案例：

· Ceres Imaging 公司：Ceres Imaging 公司成立于 2014 年，现在是一家提供灌溉和营养管理方案以及病虫害预防解决方案的公司。创始人最初寻求资金，用以制造载有高光谱相机的无人机，飞越农田收集高光谱图像。这些图像经过公司专利软件的处理，能向农民展示农作物的健康状况。创始人对技术的市场前景充满期待，但通过与农民的接触发现，他们对无人机或高光谱相机根本不感兴趣，对经软件处理的图像能反映农作物的健康状况倒是饶有兴趣。农民们甚至告诉 Ceres Imaging 公司的创始人，鉴于已经有农药喷洒机在田地上空飞行，他们可以将相机安装在农药喷洒机上拍摄图像。

为了验证他们的价值主张，Ceres Imaging 公司的创始人将高光谱相机安装在农药喷洒机上，拍摄田地的图像，并向农民说明他们的软件是如何分析图像以评估庄稼的健康状况的。这里的最小可行产品是农药喷洒机上的一个成像系统，用于生成数据进行分析。通过与农民的沟通，他们制定了服务的价格结构。Ceres Imaging 公司不仅以最小的投入来验证其价值主张，还以最经济的分销渠道传递了这一价值主张。创始人并没有用筹集来的资金制造载有高光谱相机的无人机，而是创建了为现有的农药喷洒机安装高光谱相机的服务业务，该业务在美国的发展十分蓬勃。

・Aerobotics 公司：Aerobotics 公司成立于 2014 年，总部位于南非开普敦。该公司将卫星和无人机的航拍图像与机器学习算法相结合，为农民提供早期问题监测服务——监测农作物，尽早预警潜在风险以及提高产量。Aerobotics 公司联合创始人之一詹姆斯・帕特森（James Paterson）在南非的一个柑橘农场长大。这个农场的主人，也就是他的父亲，是 Aerobotics 公司的第一位客户。詹姆斯等人制造了一架载有传感器系统的无人机，用于航拍图像。他们将卫星和无人机的航拍图像与它的专利软件相结合，帮助农民长期监测农作物的健康状况。他们的早期客户是该地区的居民。他们为每位客户都制造了一架新的无人机，并配备了定制的传感器系统。但定制无人机用时较长、价格昂贵，因此他们重新审视了其产品价值。产品的核心价值是分析原始数据的软件算法，它能提供可操作的信息，帮助优化产量。他们转而从大疆公司购买商用无人机，并安装由一家法国公司制造的传感器，而非自己制造定制无人机。最后，他们按照需要分析的区域和其他能帮助农民创收的功能制定了定价结构。

・多宝箱公司（Dropbox）：多宝箱公司成立于 2007 年，现在是一家提供云存储、文件同步、个人云和客户端软件的公司。创始人德鲁・豪斯顿（Drew Houston）在麻省理工学院读书时，就构思了多宝箱的概念。他在多个台式机和笔记本电脑上工作，经常忘记携带

第四章 精益创业、原型产品的创新设计

存放工作文件的 USB 闪存盘。因此，他想出了一个主意：通过在用户电脑上创建特殊的文件夹，将文件集中在一起。这些文件夹能同步到多宝箱的服务器，以及安装了多宝箱应用程序的电脑及其他设备上。这就解决了豪斯顿屡次忘记带 U 盘的问题。豪斯顿认为，这是许多软件开发人员会面临的问题。当时有很多数据备份公司，但豪斯顿没有使用它们的服务，因为每当文件太大或者太多时，他在跨越防火墙传输数据时就会遇到问题。他想，如果他能解决这个问题，那么他就能在这个不断增长的市场中享有一席之地。

他招募了阿拉什·费尔多西（Arash Ferdowsi）来实现这个想法，后者也曾是麻省理工学院的学生。他们创造了一个能在 Windows 操作系统电脑上运行的产品原型，接下来就是验证"软件开发人员也想要这样的产品"这一假设。软件行业的一贯做法是寻找测试客户来试用软件并获取用户反馈。测试客户很可能是早期客户，测试就是为了验证他们是否认为产品有用。但豪斯顿和费尔多西不能遵循这种常规做法，因为他们的产品是用来处理文件传输的，在代码百分之百可靠之前，没有人会试用这个产品原型。因此，豪斯顿制作了一个最小可行产品来达到检验目的，即一条时长为三分钟的产品演示视频。他把这个视频上传到一个为软件开发者服务的网站——黑客资讯（Hacker News）。

他从开发人员那里得到了很多关于产品功能的反馈。通过这些反馈,他了解到该如何完善产品。豪斯顿还通过该视频结识了保罗·格雷厄姆(Paul Graham),后者是黑客资讯的创始人兼创业孵化器 Y Combinator 公司的联合创始人。2007 年 4 月,多宝箱公司获得了 Y Combinator 公司提供的种子资金、指导和办公空间。根据视频反馈,多宝箱公司的创始人决定开发面向个人用户——包括普通消费者和职场人士——的版本。他们以此为切入点,渗透到通常有很长销售周期的企业市场。换句话说,通过使用该产品的个人用户来影响企业用户,让产品在不经过长期销售周期的情况下进入企业市场,这样一来,个人用户就相当于产品打入企业市场的"特洛伊木马"。

2007 年 9 月,多宝箱公司从红杉资本公司(Sequoia Capital)获得了第一轮融资。利用这笔资金,产品团队完成了 Windows 操作系统电脑和麦金塔电脑客户端的产品开发,并计划借助亚马逊的云存储平台提供其服务。他们推出了客户测试计划,让感兴趣的人通过登录页面注册。测试者将免费获得 2GB 的多宝箱储存容量。为了激发人们参与测试的热情,他们制作了第二条简短的演示视频,并于 2008 年 3 月发布在掘客网(Digg)上。这是一个热门社会新闻网站,当时有日均超过 2 亿的访问者。视频内容充实,吸引了科技发烧友的关注。一夜之间,测试版产品的注册人数从 5000 猛增到 75000。

·Zappos：Zappos 成立于 1999 年，现在是线上鞋类和服装零售商城。它在 2009 年被亚马逊以 12 亿美元的估值收购。1999 年，Zappos 的创始人尼克·斯威姆（Nick Swinmurn）有了在网上卖鞋的想法。以现在的视角回顾 1999 年，这似乎是一个好主意，因为当时亚马逊还没有进入这个领域。但从他们当时的观点来看，Zappos 的发展趋势并不明朗。当时，亚马逊的规模正在增长，但账上却在亏损。亚马逊在 1998 年之前只销售书籍，1998 年开始销售音乐和视频商品。当时互联网浪潮正值顶峰，许多人预计互联网泡沫将在几年内破灭，从事网上卖鞋业务可能存在风险。而且，在不涉及对仓库和存货投资的情况下，验证这项业务的价值主张能否变现就变得格外困难。

于是，聪明的斯威姆设计出最小可行产品。他开发了一个销售网站，然后到附近的鞋店用高分辨率的相机拍摄鞋的照片，再把这些鞋的图片和价格发布到网站上。有人在网站上下单买鞋，他就去商店购买，并把鞋运送给客户。就客户而言，这是一个功能齐全的线上鞋城。在验证了有实际的客户从网站上购买商品后，斯威姆便筹集资金成立了这家公司。

在上述四个案例中，只有 Aerobotics 公司制造了实际的产品作为其最小可行产品，其他三家公司的最小可行产品均是创新的原型产品设计。这些设计有助于产品经理检验产品理念是否可行,并通过迭代优化流程帮助产品适应市场需求。设计一个有效的最小可行产品,对分析目标客户群画像大有助益。请注意,**最小可行产品的设计重点是用户从产品中获得价值的体验,而非侧重产品的特性和功能。** 此外,开发最小可行产品需遵循低成本战略,验证产品理念是否可信且不宜投入过高。在 Aerobotics 公司的案例中,确实有一位买家需购买新产品,所以公司才通过制造实际产品来验证产品的价值主张。最小可行产品应以最精简的功能充分满足目标客户的需求,产品经理再据此收集来自客户的反馈,为产品的初步定价提供依据。产品经理要对最小可行产品进行迭代优化,每次迭代都按照客户反馈对其加以改进,以便产品以适配的价格进入目标细分市场。

商业计划书和阶段性融资

一旦适销对路的产品在目标细分市场上初步表现良好,我们就可以制订一份可信的商业计划书。该计划书须阐明产品的市场规模,以及消除业务运营风险、释放市场潜力的途径。上一章概述了从 0 到 1 的产品创新过程中存在的四个等级的风险:市场进入风险、价值主张风险、市场竞争风险和扩张风险。新产品在目标细分市场上占有份额,标志着市场进入风险的消弭。因此,商业计划书需要阐明的是如何消除其余三大风险。融资对于任何一家推出新产品的企业来说都是必要的，无论是获得风险投资公司投资的初创企业，还是获得内部筹资的大型企业的新项目团队。进行阶段性融资需持谨慎态度，第一阶段融资的目的是获取足够的资金，消除价值主张风险，第二阶段融资的目的是消除市场竞争风险，第三阶段融资的目的是消除扩张风险。第一轮融资的商业计划书应侧重于消除价值主张风险。投资者注重权衡风险和收益，因此，他们倾向于投资呈增长态势的大规模市场。市场规模通常是用来衡量市场潜力的标准，潜在市场规模（Total Available Market，TAM）、可服务市场规模（Served Available Market，SAM）和可获得市场规模（Share of Market，SOM）是用来评估企业市场潜力的常见指标。

• **潜在市场规模**：又称**全球目标市场规模**。它是指目标市场内所有行业参与者的年收入总和。例如，鞋类商品的潜在市场规模是指所有鞋业公司的年销售总额。一些可靠的市场研究咨询公司，如高德纳咨询公司（Gartner）、弗雷斯特研究公司（Forrester）、迪讯公司（Dataquest）、国际数据公司（IDC）、麦塔集团（Meta Group）和扬基集团（Yankee Group），可以提供潜在市场规模的数据。投资者还可以采用自下而上分析法，将鞋业领袖企业的销售额加起来，并预估该总额占据了较大的市场份额（比如80%），再通过若干交叉检查法验证预估值的准确性。投资者可能想知道美国或世界其他地区的潜在市场规模，以及未来五年内可能出现的增长。对于一个全新的产品，其潜在市场规模可以通过将目前所有新产品可替代的产品的销售额汇总得出。例如，当iPhone初入市场时，苹果公司可以利用所有手提电话、固定电话和对讲机的销售总额来估算iPhone的潜在市场规模。

- **可服务市场规模**：又称**可触达市场规模**。它是潜在市场规模的一个子集，是公司销售渠道能覆盖的市场的总体规模，即同类产品的市场规模。可服务市场规模可按特定区域进行细分和计算。例如，耐克公司的全球可服务市场规模是全世界运动鞋的销售总额。可服务市场规模相较于潜在市场规模的增长则代表产品类别在整个潜在市场的扩张。例如，线上零售的可服务市场规模相较于潜在市场规模（包括线上零售和实体店零售）的增长，代表线上零售占整个零售市场的份额增加了。

- **可获得市场规模**：又称**可实现市场规模**。它指的是公司计划在短期内（如五年内）实现的销售额。这个计划必须是合理可信的，并且与公司的商业计划相一致。根据定义，可获得市场规模是可服务市场规模的一个子集。

图4-2显示了潜在市场规模、可服务市场规模和可获得市场规模的相对关系。

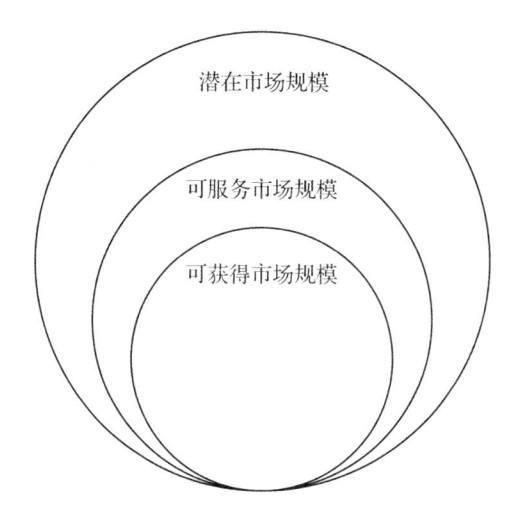

图4-2 潜在市场规模、可服务市场规模和可获得市场规模的相对关系

　　潜在市场规模和可服务市场规模代表着市场潜力。一般来说，潜在市场规模的体量巨大，它代表了目前的业务活动可达到的终极市场规模。可服务市场规模是指可以通过目前的业务活动占有的市场份额。可服务市场规模与潜在市场规模的比率（可服务市场规模除以潜在市场规模）较小，代表企业扩张潜力巨大。以亚马逊为例，该企业最初在线上卖书，它应该用图书市场的总规模还是用零售产品市场的总规模作为其潜在市场规模呢？由于亚马逊的定位是网上零售，它可以在网上销售书籍和其他产品，因此，它的潜在市场规模应该是总零售市场（包括线上和线下），可服务市场规模是整个在线零售市场。可服务市场规模与

潜在市场规模的比率非常小，表明其具有很大的扩张潜力。随着在线零售收入增速超过零售总额增速，亚马逊的可服务市场规模与潜在市场规模的比率有所增加，这表明其扩张潜力的下降。该比率一直保持着稳步增长，2018年，亚马逊线上零售额占零售总额的9.9%。就连锁书店而言，潜在市场规模是全球所有图书销售总额，可服务市场规模是其门店所在区域范围内全部图书的销售总额。这意味着，如果我们比较可服务市场规模与潜在市场规模的比率，亚马逊创业之初，这个比率比连锁书店的比率低得多。换句话说，尽管两者都是从事图书销售业务，但与连锁书店相比，亚马逊的扩张潜力要高得多。

可获得市场规模是指公司计划在短期内（如五年内）占领的市场份额。以五年内为例，可获得市场规模的数值反映了公司预计在未来五年内能达到的市场渗透率。这个目标的可信度取决于商业计划书能否成功实施，该计划书详细说明了如何利用资源来达成市场进入战略的既定目标。公司可获得市场规模与可服务市场规模的比率代表了该公司在某一产品市场中的竞争优势。如果新产品的可服务市场规模增长迅猛，为了在第五年年末实现高比率，公司很可能需要牺牲利润率，采取激进的市场扩张策略。在制订五年计划时，公司需要在提高市场份额与盈利之间取得平衡。

一个吸引投资者的新产品，必定具有以下特征：其可服务市场规模不断增长，但相较于潜在市场规模的比率较低。因为这表明新产品业态不仅增势喜人，还拥有广阔的增长空间。拥有这类型产品的公司应该把业务重心放在提高市场份额上，或者说提高可获得市场规模与可服务市场规模的比率上，因为即使没有盈利，它们也能筹集到资金来支持运营。如果可服务市场规模与潜在市场规模的比率停滞不变或过高，那么业务重心就应该更多地向提高盈利方面倾斜。

以亚马逊为例。它的可服务市场规模与潜在市场规模的比率非常低，所以它一直强调扩大市场占有率，而不太关心利润。2001年，亚马逊终于实现了盈利。另外，作为在图书市场上与亚马逊旗鼓相当的对手，美国最大的连锁书店巴诺书店(Barnes &Noble)不得不关注盈利问题，因为它的可服务市场规模与潜在市场规模的比率非常高。书店在1997年开拓了线上销售业务板块，但仅限于图书销售。鉴于可服务市场规模与潜在市场规模的比率仍然很高，盈利能力的提高依然是他们的痛点。当亚马逊增加投资、扩大规模时，巴诺书店失去了竞争优势，并于2018年宣布亏损1.25亿美元。

再来思考一下Zappos的案例。当Zappos于1999年进入市场时，它应该把自己定位为在线零售企业还是在线鞋类零售企业？如果选择前者，那么Zappos与亚马逊拥有相同的潜在市场规模及可服务市场规模，这意味着无论何时它们都具备同等的扩张潜力。然而1999年正值亚马逊的在线零售业务高速增长期，再加上其仓库结构的扩张，亚马逊未来的在线零售销售额必定会超过Zappos。因此，与亚马逊相比，Zappos的可获得市场规模与可服务市场规模的比率预计将随着时间的推移而不断下降，这意味着即使它的扩张潜力与亚马逊一样，但时间越久，它的竞争力越弱。届时，Zappos的生存或许会受到威胁。但如果它定位为在线鞋类零售企业，那么它的潜在市场规模就是鞋类销售总额，而它的可服务市场规模就是在线鞋类销售总额。预测十年后，它的可服务市场规模与潜在市场规模的比率可能比亚马逊还高。虽然这意味着它的扩张潜力要小得多，但它的可获得市场规模与潜在市场规模的比率将非常高，因为先发优势能为它赢得可观的可获得市场规模。

通过量化评估潜在市场规模、可服务市场规模和可获得市场规模这三个指标，企业能够正确判断其市场定位及潜力，并制订出合理的五年期商业计划书。为了有效落实商业计划，企业需要扫除两大风险：一个是价值主张风险，另一个是市场竞争风险。第一个风险能否消除取决于是否有足够的人接纳价值主张。新产品成功打入市场即标志许多人已经接纳了相关价值主张，但新涌入市场的竞品可能会传递相同或类似的价值主张。第二个风险能否消除则取决于该公司是否具备市场竞争力。

认同新价值主张的投资者如果持谨慎态度，会将投资分成两个阶段进行，以降低风险。第一阶段的大量投资是为了消除价值主张风险。如果效果不佳，投资者就会及时止损；如果成效显著，那么他们将进一步投资，并邀请其他投资者加入，以保证有充裕的资金消除市场竞争风险。鉴于价值主张风险已经消除，进一步投资的风险较小，因此企业融资更为容易。产品创新阶段的风险及阶段性融资流程见图4-3。

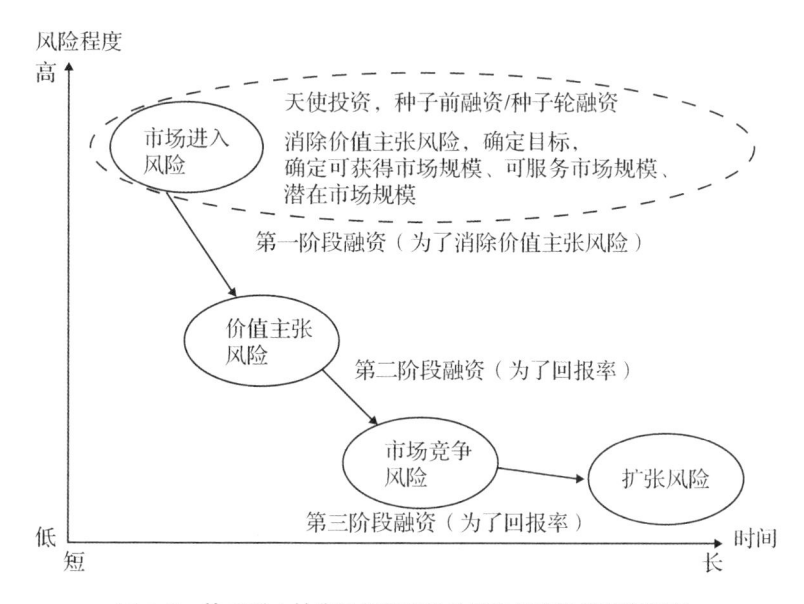

图4-3 从0到1的产品创新阶段的风险及阶段性融资流程

市场进入战略

新产品的市场进入战略指的是公司利用内部资源获取并维护价值主张,以便在目标细分市场崭露头角,并为扩张做好准备计划。公司通过市场进入战略能够向客户传达价值主张,并在目标细分市场建立竞争优势。通过迭代优化的最小可行产品的试验,新产品得以问世,少数用户愿意购买或试用这个新产品。这时公司应该制定市场进入战略,并将之作为撰写商业计划书的支撑材料,确保第一轮融资顺利进行。该战略还能在战术性运用内外部资源开发可行性业务的过程中提供指导。

按照传统的产品管理方法论,市场进入战略是产品准备面向市场后才开始制定,其重点是定价、渠道开发和获取客户。精益创业方法论主张在产品尚在准备阶段时就将其推向市场,早期的客户反馈有助于进一步优化产品,这有利于建立渠道和获取新客户。培养早期客户的忠诚度能拓宽新客源,因此,精益创业框架下的市场进入战略强调将产品迭代优化、销售渠道开发以及客户忠诚度的培养相结合。市场进入战略首先注重产品的迭代优化,培养客户忠诚度应与渠道开发同步进行,这样一来,两项活动可以相互积极影响。上述三项活动的整合平衡将大大提升产品进入市场的成功率。

争取到一小部分客户在一定程度上表明产品符合市场的需求,然而仍需解决许多不确定因素和问题,才能确保产品拥有一定的市场地位。除了少数买家，该产品是否会被其他人接受？如何才能接触到产品的潜在客户？如何才能在目标细分市场上形成强大的市场地位？当最容易获取和最忠诚的客户群体稳定之后，拓展新客户的成本将如何变化？获取并维护价值主张可以回答这些问题，并指导市场进入战略的制定。

入门细分市场和首个目标细分市场

驱使首批客户购买或试用新产品的动力是什么？一般来说，该产品要么是解决了他们当下的痛点，要么是满足了他们对未来的期许。市场进入战略的第一步是与这些客户互动，了解他们购买产品的主要原因。产品能否帮助他们解决当前棘手的麻烦？能否有效提升解决问题的效率？满足了他们更大的愿望吗？厘清他们购买或试用产品的主要原因，我们便能明确他们对产品的需求，据此优化产品以更好地满足他们的需要，并为产品定价。我们可以合理预期会有更多的用户像他们一样认同产品的价值，并愿意为之付费。

入门细分市场与首个目标细分市场可以是两个不同的市场。入门细分市场是指初次接触并接纳新产品的市场。很多情况下，这是与首批买家相似的用户群体市场，但对于像 iPod 或谷歌搜索引擎这类产品来说，入门细分市场可以是供给侧群体市场。如此一来，公司可借助供给侧将庞大的需求侧群体纳入首个目标细分市场。苹果公司在推出 iPod 之前，先与一家唱片公司接洽，就下载音乐到 iPod 事宜取得它们的授权。因此，唱片公司是 iPod 的入门细分市场。有了合法下载音乐作品的权利，苹果公司将热爱音乐的苹果客户确定为其首个目标细分市场。谷歌先让用户以谷歌搜索引擎作为在网络上寻找信息的工具，然后才启动在线广告业务。因此，谷歌搜索引擎的入门细分市场是搜索群体市场，而首个目标细分市场则是中小型线上广告公司。

　　如果入门细分市场为需求侧群体市场，而且规模足够大，那么它可以同时作为首个目标细分市场。如果规模较小，那么除了深挖入门细分市场的常规价值，公司还要另外寻找需求量足够大的细分市场作为首个目标细分市场，然后改进新产品，并利用入门细分市场的口碑提升新产品在首个目标细分市场中的占有率。在个人电脑的案例中，入门细分市场是业余爱好者群体。虽然这个细分市场属于需求侧群体市场，但它的规模太小了，因此不应该被视为首个目标细分市场。正因如此，尽管 Altair 公司的新产品成功地对接业余爱好者市场，但它在个人电脑市场中的角逐中早早地就被淘汰了。苹果公司开发了 Apple I 来抢占入门细分市场的客户，接着更新产品外观，增强产品功能，将其升级为 Apple II，从而为需要管理和处理个人信息的具有前瞻性的用户提供价值。在 Altair 8800 的案例中，业余爱好者群体是入门细分市场，而具有前瞻性的个人电脑用户是首个目标细分市场。苹果公司之所以能在早期个人电脑市场中取得成功，是因为它以 Altair 8800 确定的入门细分市场为跳板。它并没有与 Altair 8800 争夺入门细分市场，而是确定了首个目标细分市场，并迅速将 Apple I 升级换代为 Apple II，为首个目标细分市场客户提供了新的价值主张。

获得承诺型代理人的认同

对于一个新产品来说，有效开发面向首个目标细分市场的销售渠道十分重要。在大多数情况下，既定的传统销售渠道可能不是很适合，对于初创企业而言尤其如此。这类代理销售机构要么费用昂贵，要么不愿意与未经市场验证的产品或不熟悉的公司打交道。新价值主张的潜在分销渠道分为两类：承诺型代理人和机会型代理人。承诺型代理人是需求侧的客户和供给侧的经济行为人，他们被新价值主张的亮点吸引，并愿意在项目实际盈利之前参与进来，促进这种主张的实现。以个人电脑的案例来说，业余爱好者、具有前瞻性的个人电脑用户、软件程序员（如比尔·盖茨）、小型电子公司、电子杂志（如《大众电子学》）、电子零售店和早期的风险投资人都是承诺型代理人。

机会型代理人是后来型客户和经济行为人，他们只有在看到其他人从中获利后才能接受新价值主张。在个人电脑的案例中，使用个人电脑来提高生产力的公司、大型信息技术零售商、第三方软件开发商、电脑周边产品生产商、个人电脑行业的服务提供商以及后期私募股权投资者都是机会型代理人。相比于承诺型代理人，机会型代理人多得多。承诺型代理人是并肩作战的伙伴，他们大力推广新价值主张，而机会型代理人则能确保价值主张实现可持续发展。换句话说，承诺型代理人负责创建产品愿景，而机会型代理人则负责愿景的快速落地。因此，市场进入战略的重点是吸引承诺型代理人，保证愿景框架的建立；而市场扩张战略的重点是吸引机会型代理人，建立一个强大的商业生态系统，使愿景成为现实。

在项目创收之前，说服承诺型代理人认同新价值主张颇有难度。这时公司传递的是新产品的未来、愿景和理念。公司需要狙击式营销，而不是霰弹枪式营销。扩充承诺型代理团队的进程需稳步推进，即使进展较慢也没关系。这一目标可以通过抢眼点-支撑动态交互模型来实现。当产品准备问世时，公司可以设计激动人心的发布活动，吸引需求侧的目标客户群和供给侧的承诺型代理人的关注，强调新的价值主张将为他们带来收益。这些发布活动无须与苹果公司的麦金塔电脑发布会一样高调，它可以是一场小规模的发布活动，致力于吸引首批采用新产品的目标客户群以及承诺型代理人，并使后者确信新价值主张的盈利前景。当 Altair 8800 登上《大众电子学》的封面时，它吸引了业余爱好者比尔·盖茨以及许多小型电子公司的关注。这便是一场成功的软发布活动，它吸引了承诺型代理人的注意力。另一个例子是多宝箱公司开展的客户测试项目，试用产品的首批用户中有一部分成了多宝箱公司的主要分销渠道。

经由产品发布活动接纳产品的首批客户和经济行为人也能起到推销产品的作用。如果首批客户认为产品令人满意，那么他们会通过口耳相传的方式为公司吸引志同道合的新客户。因此，创建有效的推荐计划有助于公司大力拓宽客源。承诺型代理人越了解新产品的盈利前景，就越容易认同产品理念并加入公司的营销团队。为了扩展价值主张的辐射范围，产品优化不应该只停留在改善产品性能的层面上，而是应该加大对核心价值主张的宣传力度，吸引更多的承诺型代理人支撑价值主张。认同产品的早期客户越多，支撑产品价值主张的承诺型代理人就越多。

性能中心型产品的竞争力可能低于价值主张中心型产品。苹果公司在1984年推出了麦金塔电脑，其图形用户界面操作系统和即插即用功能独领风骚。然而图形用户界面操作系统需要更强大的计算能力来支持，由于当时的微处理器技术尚未发展，麦金塔电脑的处理速度很慢，并且大多数软件应用开发者都更熟悉文本用户界面，只有少数人具备在图形用户界面下开发应用程序的技能，因此可用的应用软件非常少。为了提供即插即用的功能，麦金塔电脑采用了一个不可兼容的封闭架构，进一步阻碍了第三方提供补充产品。苹果公司过度强调麦金塔电脑的属性，而忽略了传递产品的核心价值主张。

相比之下，IBM PC 对价值主张的重视程度超过了对产品功能属性的重视程度。IBM PC 采用文本用户界面，这对用户来说不太直观，并且在使用前需要安装。但很多用户已经习惯了基于文本的界面，不想学习新的用户界面的操作方法，尽管后者更为直观。文本用户界面对计算能力的要求较低，因此 IBM PC 的处理速度比麦金塔电脑快得多。随着 IBM PC 的流行，许多电子产品零售店提供免费安装服务以促进销售。IBM PC 的架构设计具有开放兼容性，软件开发商和外围设备生产商能够为其增加价值。由此可知，IBM 公司的重点是通过鼓励更多的软件和硬件开发商开发软件应用程序以及具备兼容性的外围设备来提高其产品的价值主张。因此，IBM PC 提供了比麦金塔电脑更丰富的核心价值主张。这样一来，麦金塔电脑在最初推出后销售势头强劲，但几个月后迅速下滑，而 IBM PC 则在 1985 年主导了个人电脑市场。

麦金塔电脑的案例表明，较高的计算能力是图形用户界面操作系统之价值受到认可的前提。如果苹果公司想要提高产品价值主张（产品认可度），那么它首先要提供支持计算机语言程序编写的微处理器和操作系统，以此吸引业余爱好者和专业高科技人员编写原创的应用程序，从而实现个人电脑价值主张的传达。借助具备基础功能（配有中央处理器、操作系统）和语言程序的个人电脑，软件工程师可以开发应用程序，进一步提高产品的价值主张。此外，增加内存、磁盘驱动器等外围设备亦能提升产品的附加值。由此，越来越多具有前瞻性的专业人士和学生将热衷于用个人电脑处理日常工作。

综上所述，个人电脑价值主张升级的流程构成了一个"支持－推动"动态模型。在这个模型中，配备了中央处理器和操作系统的普通电脑是价值主张提升的支持力，语言程序的开发是推动力，加强版的电脑（拥有语言程序的普通电脑）成为新的支持力，再以应用程序的开发作为推动力，从而实现价值主张的新升级。个人电脑价值主张升级的"支持－推动"动态模型如图4-4所示。

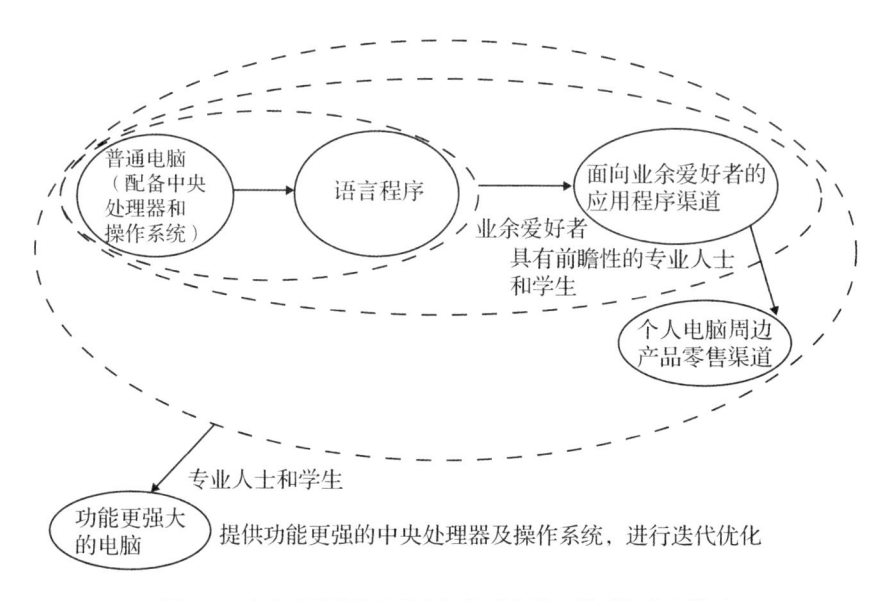

图4-4 个人电脑价值主张升级的"支持－推动"动态模型

图中的椭圆形代表支持力，箭头代表推动力。价值主张升级是为了让更多的客户购买产品，然后吸引更多的相关经济行为人来促成下一次升级。箭头下方表示新买家，尖尖的椭圆形内标明了相应的经济行为人。如虚线椭圆形所示，承诺型代理人推动了下一轮价值主张升级。在每一轮"支持－推动"活动中，认同价值主张的承诺型代理人的体量都会出现增长。当推动力带来的收益降低时，新一轮"支持－推动"活动便开始了。

供给侧承诺型代理人也能充当支持力，例如第三方软件开发商、个人电脑外围设备生产商和零售商。产品功能的增加和优化的流程能有效加强"支持－推动"动态模式下的价值主张升级。在个人电脑的案例中，上述流程指的是刺激供给侧承诺型代理人支撑价值主张的系统设计、基础设施支持和定价。

在从 0 到 1 的产品创新早期阶段，建立"支持－推动"动态模型、鼓励经济行为人在建立模型的过程中发挥多种作用，这对于制定合理的产品升级流程来说至关重要。在争取更多的支撑价值主张的承诺型代理人以及建立价值主张维护结构的过程中，产品升级流程能指导公司确定战略目标的优先级，从而在首个目标细分市场中占据强有力的市场地位。

根据客户反馈优化产品，提升已获取的承诺型代理人的忠诚度，这些措施有助于公司获取新的客户及新的承诺型代理人。在图 4-5 所示的一步到位式累计获取动态模型中，加号代表积极影响。假设已获取的客户和承诺型代理人保持对产品的忠诚度，一步到位式累计获取的客户指的是已获取的客户和新客户的集合，一步到位式累计获取的承诺型代理人指的是已获取的承诺型代理人和新承诺型代理人的集合。

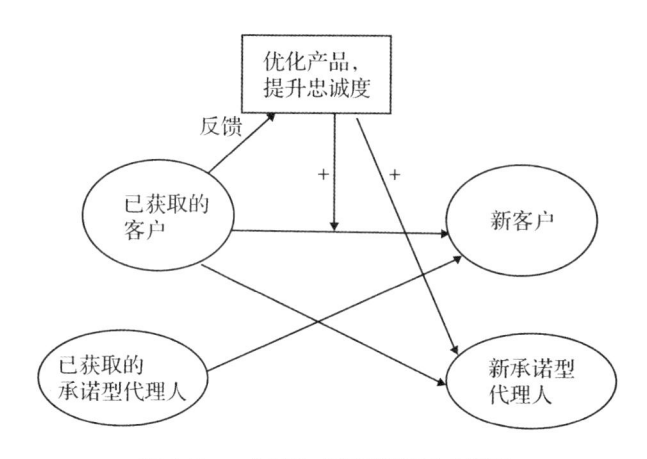

图 4-5　一步到位式累计获取动态模型

"支持－推动"动态模型和一步到位式累计获取动态模型的结合产生了涟漪效应。换言之，产品价值主张的升级及忠诚度的提升，将持续带动承诺型代理人加入产品生态系统。涟漪效应最初并不明显，不过将逐步增强。承诺型代理人规模的增长呈线性特征，即该增长与投入之间直线对应、成正比。即使在非目标细分市场中也可能存在客户，但营销重心仍应是目标细分市场。营销的目的是在目标细分市场上傲视群雄。竞争者或许会涌进市场，但他们无法形成威胁。相反，他们将促进价值主张的推广，从而为消除价值主张风险助力。因此，市场进入战略的重点并不是竞争，而是努力吸引承诺型代理人，培养其对产品的忠诚度。

市场进入战略案例

以下案例一个是 B2C 产品，另一个是 B2B 产品。

·多宝箱公司：多宝箱公司在发布第二条视频取得巨大成功后，觉得已经找到了潜在的产品与市场契合点，准备在 2008 年 9 月推出该产品。用户可以免费获得 2GB 使用空间，每月支付 9.99 美元或每年支付 99 美元，还能再获得 50GB 的使用空间。2008 年 10 月，多宝箱公司获得了 600 万美元的 A 轮融资。产品初次发布后，多宝箱公司的产品服务通过口碑推荐和病毒式营销迅速发展。因此，它们侧重于产品的易用性、可靠性和优惠的定价，以体现其为客户提供的价值主张。多宝箱公司创建了支持论坛、投票箱和对比实验（都是收集客户对产品问题反馈的工具或方法），以深入了解用户的喜好和用户体验。通过分析使用数据和统计数据，多宝箱公司发现许多用户将文件上传到多宝箱之后再也未查看或编辑过它们。这类未触及文件的数量越来越多，收费也随之攀升。为了让订阅用户享受到更优质的服务，多宝箱公司为用户免费提供30天的"撤销删除"操作权限。若想获得永久权限，费用为每年39美元。这一举措提升了用户的忠诚度。多宝箱公司还设立了一项推荐计划，即现有用户每推荐一个新用户，即可免费得到250MB的使用空间。新用户在注册时也可在2GB免费使用空间的基础上额外获得250MB的使用空间。此外，多宝箱公司还改进了它们的病毒式营销工具。2010年1月，多宝箱公司通过口碑宣传、推荐计划和病毒式营销，获得了400万用户。2009年初，其增速放缓；2009年底，其增长势头有所回升。2009年4月，其用户数量突破了100万，9月突破了200万，11月突破了300万。这一时期的增长表明，吸引承诺型代理人的参与，促进了获取和维护价值主张的良性迭代循环。2010年5月，多宝箱公司拥有了数百万用户，并准备招募更多承诺型代理人。多宝箱公司还开发了一种移动应用程序接口，软件开发人员能够借此通过多宝箱客户端访问文件。他们与个人电脑和智能手机制造商展开洽谈，期望后者在其设备上预装多宝箱应用以扩展业务。多宝箱公司被认为是个人用户数据储存市场上主导者，但在中小型企业领域，它遇到了更强大的竞争对手，如Mozy（成立于2005年）和Carbonite（成立于2006年）。

·Aerobotics公司：Aerobotics公司的创始人都是工程师。鉴于无人机是自动化设备，易于操作，他们认为可以向每个农民出售一架附有传感器的无人机，并通过农民操控无人机来收集数据以供分析。然而刚刚进入销售环节，他们就遇到了两个问题：第一个问题是，农民不懂技术，不愿意操作无人机；第二个问题是，农民不太接受陌生公司的产品推销。在经历了反复的探索后，Aerobotics公司与南非甘蔗种植者协会（SACGA）达成了合作协议。该协会为Aerobotics公司提供多达23866名独立的甘蔗种植者作为潜在客户，其中大部分是小农场主。Aerobotics公司开发了一套复杂的机器学习算法来分析无人机航拍图像，以便向农民提供有关农作物健康的详细信息。同时，用户还可以汇总数据并且对比不同农场的收成情况。南非甘蔗种植者协会将此作为一项新服务提供给协会成员，这也有助于南非甘蔗种植者协会吸引新成员。与南非甘蔗种植者协会的合作解决了第二个问题。为了解决第一个问题，Aerobotics公司必须建立无人机机队，并雇人操作无人机，但这会拖滞公司业务规模扩展的进度。好在他们发现众多无人机服务提供商（DSP）正四处兴起，后者提供无人机飞行服务，为客户公司收集各种数据，包括图像数据。因此，Aerobotics公司没有建立自己的无人机机队并雇人操作，而是开发了一个程序来筛选高质量的无人机服务合作伙伴，这也使他们能够在有无人机服务合作伙伴的国家扩张业务。随着规模问题的解决，他们通过自己的网站接洽大型农场主，并与其他一些组织建立伙伴关系，以便接触到更多的潜在客户，实现收入增长。这些组织包括面向农民客户的银行以及贷款和保险公司。Aerobotics 公司的业务触手遍及澳大利亚和美国等 11 个国家的数百座农场，在世界各地有很多竞争对手，而且大多数都是在过去五年里开始崭露锋芒。

这两个案例表明，市场进入战略指的是发掘和落实产品价值主张的迭代循环流程，包括优化产品、提高产品与市场的适配度以及开发面向目标客户的适配分销渠道。在多宝箱公司的案例中，传递给客户的价值主张很难量化，因为它是主观的。许多 B2C 产品都面临这一问题：便利的价值主张如何量化？汽车提速的价值主张如何量化？公司需要与客户加强互动，才能合理定价。在 Aerobotics 公司的案例中，产品的价值是其能够预估的经济收益。公司可以创建一个经济模型来估算收益，以确定产品价格。此外，还需要依据客户的反馈来微调定价，但调整的次数要少得多。大多数 B2B 产品也是如此。这两种情况都需要通过第三方服务来扩展业务规模。例如，多宝箱公司的产品需要云储存服务供应商，Aerobotics 公司的产品需要无人机服务供应商。这些企业的入市策略并没有过多关注竞争，而是专注于建立业务，好像它们是市场上唯一的企业。在多宝箱公司的案例中，产品经理试图改变人们处理文件存储的行为惯性，更多提供类似产品的竞争对手进入将有助于改变人们的行为惯性。在 Aerobotics 公司的案例中，让更多农民了解类似的服务产品将有助于Aerobotics公司说服农民接受其服务。市场进入战略的主要目标是消除价值主张的风险，更多的志同道合的竞争者进入市场会加速这一进程。他们更像是合作伙伴。然而，当价值主张风险被消除后，他们就变成了强劲的竞争对手。

市场拓展和结论

当新产品的价值主张得到充分认可时，机会型代理人会加入进来。公司将有机会获得第二轮融资，以便在竞争激烈的市场中占据地位。随着机会型代理人的涌入，由于他们之间的网络效应，整个市场将出现指数型增长。曾经的推广价值主张的伙伴，如今变成了主要的竞争对手。市场的快速增长将吸引新的竞争者进入并提供相同或相似的产品，与此同时，那些被新产品或服务公司所取代的老牌公司也会想办法通过提供更有吸引力的价值主张参与竞争。因此，在新的市场结构中，激烈的竞争是公司必须面对的新问题。公司必须将业务重心从目标客户细分市场转移到其他细分市场。这种业务的扩张不仅需要加强对价值主张的维护，还需要展开新一轮产品价值主张的升级及传递，以此吸引机会型代理人投资，建立一个强大的、支撑新价值主张的产品生态系统。如果做不到这一点，公司要么倒闭，要么被排挤到不断增长的市场的边缘。反之，公司将经历曲棍球杆式的增长。下面是网飞公司（Netflix）

的曲棍球杆式增长图（见图4-6）。

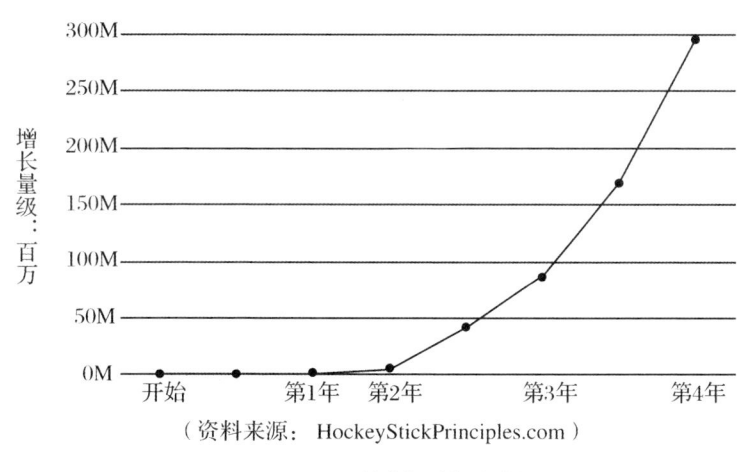

（资料来源：HockeyStickPrinciples.com）

图4-6　网飞公司的曲棍球杆式增长图

提出新的产品价值主张是有风险的，其中许多无法量化。有效管理不可量化的风险，需要用最低的成本收集尽可能多的客户反馈，并在产品迭代优化过程中挖掘出合适的解决方案，最后制订战略计划并加以实施。这就是循环往复发掘和落实产品价值主张的流程。精益创业方法论主张初创企业以及发布新产品的大公司应用这个流程。在从0到1的产品创新阶段，首先是发现产品与市场的契合点；其次是创建合理的价值主张获取和维护结构，以便在目标细分市场建立强大的市场地位；最后是扩展价值主张维护结构，以支持向其他细分市场的业务扩张，并形成竞争优势。针对每个环节出现的新问题，公司必须调整战略重心，并启动新一轮发掘和落实产品价值主张的流程来解决它们。精益创业方法论旨在通过运用该流程制订正确的商业计划。商业计划需要在执行的过程中根据新形势进行调整。这能令公司发展保持敏捷、灵活，并对可能影响公司发展的外部新变化保持警惕。

讨论问题：

1. 爱彼迎和脸书是如何在尚未形成具体的产品理念时就以直观和直接的方式与客户互动的？如果你的目标客户是企业，在你的产品理念成形之前，你会如何与客户交流？请举例。

2. Zappos 的最小可行产品验证了无须创建精密或完整的产品原型即可测试新产品的价值主张和市场适配度。思考一下在软件领域里（如应用程序、游戏等），在不编写代码的情况下为这些产品建立可靠的最小可行产品的方式有哪些？想一想你在手机上使用的一些应用程序，想象一下这些程序的最小可行产品是如何创建出来，以便实现与用户的互动的？

3. 可服务市场规模与潜在市场规模的比率以及可获得市场规模与可服务市场规模的比率，关系着公司对自身使命和愿景的定位。谷歌确定其使命是"组织全世界的信息并使其可供用户检索和使用"，这一使命为它提供了规模巨大的潜在市场。在这个市场中，Google Suite 和安卓系统分别是搜索引擎和软件领域最为成功的产品。参考这个示例，现在如果需要你为脸书或其他公司描述其使命，你会怎么描述？你认为脸书的可服务市场规模与潜在市场规模的比率以及可获得市场规模与可服务市场规模的比率是如何随着时间的推移变化的？为什么？

4. 精益创业方法论主张公司在确定产品理念之前就与客户互动，即使产品尚未完善，也应投入市场进行测试，但它不主张正式发布不完善的产品。这两者的区别是什么？为什么？《福布斯》（*Forbes*）的一篇文章详细介绍了提前发布产品的问题以及需要谨慎处理的原因。英雄联盟等游戏产品的案例说明，推迟正式发布（该游戏产品经历了数年的客户测试阶段）有时是明智的战略措施，有利于建立社区并积累占领市场所需的产品专业知识。什么时候是发布产品的正确时机？成功的发布活动能否确保产品符合市场的需求？请举出一些事例。

5. 思考优步的案例，在产品初创期，谁是承诺型代理人，谁是机会型代理人？为什么区分这两类分销渠道很重要？

6. 在产品进入市场的早期阶段，我们如何确定改善产品属性的优先顺序？假设有A和B两种属性：A会提升产品价值主张的核心价值，B会强化产品的功能，达到取悦客户的效果。你会如何排列它们的优先次序，为什么？

7. 画出电动汽车价值主张升级的"支持－推动"动态模型图。

8. 在产品进入市场的早期阶段，定价策略的目标是什么？是为了赚取利润、证明产品的可行性，还是其他？为什么？

9.创建最小可行产品是为了消除什么风险？制定市场进入战略是为了消除什么风险？成功的市场进入战略能否证明产品与市场的适配度比较高？请举出一些事例。

第五章

数据洞察、析量和模型的构建

数据分析对于确保新产品的成功日趋重要。尽管产品经理无须掌握这项技能，但他们至少得了解分析学在产品开发和市场渗透方面所起的作用。分析学这个词来自希腊词语"analytika"，意思是"分析的科学"。产品管理分析学则是指借助统计学、数学模型和计算机软件，对大量的产品数据、市场反馈和销售数据进行分析，从而正确制定有关产品与市场的适配度、市场进入和市场扩张的解决方案。现在，随着各种测量工具的广泛投入使用，可供分析的数据类型丰富多样（如数字、音频、图像等）。同时，由于互联网和移动设备的升级和普及，我们可以随时随地进行数据采集。统计方法、优化算法、人工智能与机器学习技术经过优化，功能大大增强，为我们处理和利用这些采集到的海量数据提供助力。由此可见，数据分析在未来产品管理行业中的应用将日益重要。

　　数据分析是一门不断发展的学科。产品管理行业的数据分析为产品开发和市场渗透的成功提供了保障。数据本身并无价值，只有经过分析转化成问题解决方案，其价值才能被解锁。由于数据收集的成本有时相当昂贵，因此预估数据采集的方向、频率、有效性和成本至关重要，其中成本预估有助于设计经济高效的数据收集系统。

公司可以定期从其日常业务运营中直接获取大量的数据，包括每日销售记录、客户付款记录、营销和销售成本等。为了配合其业务运作，公司可以为客户建立一个网站，提供查询信息、投诉和下订单等服务。公司或许还需要根据业务性质和产品开发阶段，设计一个具有成本效益的数据收集系统，定期收集具有商业价值的数据。在早期阶段，企业的目标是确保产品与市场适配，并在目标细分市场占据优势地位。在发展阶段，企业的目标是扩大目标细分市场份额并实现盈利。适用于早期阶段的数据收集系统可能并不适用于发展阶段。数据收集系统除了用于常规数据的采集，还可以有特定用途。例如为确保产品的成功发售，充分收集市场信息，或者通过市场调研搜集购买行为数据，以便确定产品定价。因此，根据用途定制经济高效的数据收集活动方案同样重要。

一名成功的产品经理需要清楚如何处理以下三个问题：第一个问题是如何实现产品与市场的适配；第二个问题是如何在目标细分市场占有一席之地；第三个问题是如何在激烈的竞争环境中开拓新的产品细分市场。在解决不同的问题时，数据收集和分析的侧重点也有所不同。

同时，每个问题的解决过程都包括产品价值的发掘和落实两个阶段。在这两个阶段，数据分析的目的各有不同。在发掘阶段，数据分析被用来指导迭代实验，此时应设计成本效益高的数据收集活动方案，采集相关数据来支持产品价值的发掘；在落实阶段，数据分析被用来处理信息反馈，从而调整产品价值落地计划。有时，通过搜集特定的数据来补充由数据收集系统获得的常规数据，我们可以更好地评估市场情况，以支持产品价值的传递。例如，公司在产品推向市场一段时间后进行客户调查，评估客户对新产品的满意程度，这一数据加上销量以及网站反馈数据，共同襄助产品的改良，提高产品与市场的适配度。

指标是用来表明事物发展程度的数据，经由数学模型计算分析历史数据后得出。历史数据包括由每日数据收集系统获得的常规数据与特定的客户和市场数据。关键指标又称关键绩效指标（KPI），是用来衡量产品表现及现行业务活动成效的数据，根据过往统计数据确定。产品关键绩效指标可以有效帮助产品经理评估客户对产品的满意度，并改进产品，以便提高产品与市场的适配度；商业关键绩效指标可以有效帮助产品经理评估过去的业务绩效，并提供有助于制定产品战略和提高绩效的信息。

指标是对历史业绩的反映，对未来业绩可能不具备指示性。若要预测关键绩效指标的未来值，需要采用能反映所有变量之间因果关系的模型来统计。这个模型既是进行关键绩效指标预测的工具，也是指导框架。数据、指标和绩效改进之间的迭代流程如图 5-1 所示，虚线箭头表示新情况的出现导致关键绩效指标的更新。

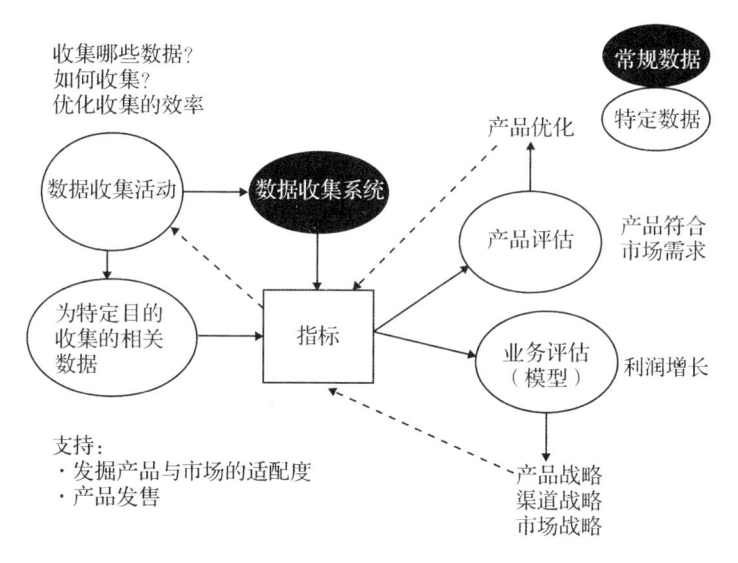

图 5-1 数据、指标和绩效改进之间的迭代流程

数据收集活动

扩大与潜在客户的接触范围，获得高质量的反馈数据，是产品与市场适配度确立过程中的关键环节。在这个过程中，我们首先要创建一个最小可行产品。在早期产品价值发掘阶段，我们需要弄清能满足目标客户需求的产品功能是什么，先对这些功能进行假设，然后利用潜在客户的反馈验证这些假设，但我们需要的数据是什么？怎样得到这些数据？如何引导人们提供这些数据？怎样才能低成本地获得这些数据？这些都是设计有效的数据收集活动方案时亟须解决的问题，以便创建最小可行产品，验证假设

的真实性。

以多宝箱公司为例。产品经理希望用户提供关于产品是否能满足其需求的数据，并根据用户反馈改进产品，但他们无法将产品送到用户手中，让用户试用，因为产品仍然有缺陷。他们做了什么？他们设计了一段产品演示的短视频，放在网站上供潜在用户观看，以征求用户的反馈。但要进行有效的数据收集活动，还有其他重要问题需要回答。

多宝箱公司的产品经理必须先考虑哪些群体能提供最有价值的反馈信息，即其重点征求反馈意见的群体，又称定向征集意见群体。一旦确定了定向征集意见群体，接下来的问题是如何创作全程吸睛的产品视频。如果受众无法看完整段视频，就无法感受到产品的魅力，可能无法提供有用的反馈。即使他们浏览完整段视频，又有什么能吸引他们向多宝箱公司提供反馈呢？再接下来的问题是，如何撰写一段能吸引定向征集意见群体点击的视频描述。最后，多宝箱公司应该在哪个平台发布视频，才能推送至定向征集意见群体？

假设多宝箱公司对视频的反馈不满意，应该如何确定哪里出了问题？是反馈数据没有价值吗？还是没有足够的目标人群观看视频？如果有足够的目标人群观看视频，但只有少数人做出回应，怎么办？

在分析回应的数量和内容时，企业可以另外设计一套数据收集活动方案以获得更多有用的信息。大多数初创企业会先接触一小部分潜在用户，采用试错迭代法来进行最小可行产品验证性学习，然后根据用户反馈对产品进行优化，在以后的试验中增加潜在用户的样本量。大型企业则可能会制定一套数据收集活动方案来支持最小可行产品验证性学习过程。

在很多情况下，企业需要设计一套数据收集活动方案，搜罗有效的数据来辅助决策的制定。在正式发布产品之前，活动目标应是搜集能优化产品发布的有效数据。在产品发售一段时间后，活动目标应为搜集与客户定期互动交流的数据，活动可有针对性地收集客户对产品体验、公司活动公告和下一代产品预告等方面的反馈数据。在其他情况下，活动目标还可以是搜集有助于决策制定的数据，包括新的细分市场的开发、产品定价、新产品价值主张的发掘等。

在设计数据收集系统时，企业可以先发起初步的数据收集活动，以确定创建具有成本效益的系统需要哪些条件。例如，在设计收集反馈数据的网站时，其网页设计必须能最有效地提高人们的参与度和反馈量。

常用的、有效的数据收集活动设计方案有若干种，上文提到的试错迭代法是其一。另一种常用的方法是对比测试，又称A/B测试。A/B测试是一种比较受试者对两个变量的反应的方法。例如，用相同的内容创建两个网页，其中一个网页的响应按键在右边（A），另一个网页的响应按键在左边（B）。为了测试哪个变量版本效果更佳，一半受试者访问A版本网页，另一半访问B版本网页。如果A版本网页的点击率更高，则该版本更成功。B版本网页亦然。如果两个版本的点击率之间差异很小，那么测试结果显然无效。这个过程可以重复多次，以确保统计和验证结果的可靠性。心理学理论主张，如果以不同的方式呈现相同的信息，人们对相同信息的反应可能会有所不同。这就是框架效应：用不同的方式表达同一内容会得到不同的反应。因此，借助A/B测试，我们能恰当地提出问题，以获得更多的反馈。

简单的A/B测试假设实验群体是同质化的。如果实验群体是异质化的，那么有可能变量A在某些细分市场更有效，而变量B在其他细分市场更有效。A/B测试可以在每个细分市场选取少量受试者样本，看看针对不同的细分市场，哪个变量效果更好。在最后一轮测试中，将两组测试对象分别发送至相匹配的细分市场，受试者接收的内容更符合他们的偏好，或可产生更积极的反馈，从而使反馈率最大化。A/B测试被广泛认为是一种简单、可控的实验法。在敲定最终活动方案之前开展A/B测试，可降低方案的成本。在正式地、大规模地发布产品之前，最好进行小范围产品体验测试，以确定哪一种发布方式效果更好。A/B测试通常用于确定产品价格结构，以及评估潜在客户对产品功能、网页设计和电邮推广活动的满意度。

为了提高目标群体的反馈率，在设计数据收集活动方案的过程中，企业可以采用很多专业工具，产品经理负责确定收集哪些数据对提高产品与市场的适配度和业务绩效最有效。根据实际情况和预算限制，数据收集活动可以在内部进行，也可以外包给外部专业人士。

产品管理的关键绩效指标

产品管理的关键绩效指标是指产品管理团队为改进产品与市场的适配度及业务绩效所采用的可量化指标，用来查验问题、设定目标和制定决策。以下是一些适用于各种产品和服务行业的常见指标，它们并不具有普适性，有的行业只使用其中部分指标，有的行业可能会按照行业基准对指标进行自定义。

这些指标可按照特定的用途来分类。第一类指标用于评估客户对产品或功能的满意程度，并有助于提高客户的参与度。这类指标中的大多数与网络或移动端的应用软件产品有关。如今，互联网和移动设备相当普遍，产品经理应该将其作为与客户联系的桥梁，让他们参与进来，并征求反馈意见。设计有效的网站和移动端应用软件，与客户保持联系，这对产品的成功至关重要。一次性购买的产品应该将这些应用软件纳为其中的一部分。这类指标也被称为产品关键绩效指标。

・**客户满意度（CSAT）**：这是针对特定的产品功能而设定的指标。客户按照要求用 0 分到 10 分对产品功能的满意程度进行打分。将所有受试者的分数相加，除以受试者总人数，即为产品平均得分。我们在测试过程中还可要求客户对产品的各项功能赋予权重，以判别产品各项功能对于他们的重要性的不同。权系数之和恒为 100%。将客户对产品各项功能的打分乘以他们赋予的权系数，所有功能的加权得分之和即为客户对该产品的评分。这个分数是主观的，可能并不公允。若功能得分并非呈单峰分布，则表明受访客户不是来自同一细分市场。客户赋予各个功能的权重可以用来确定产品的细分市场。只要收集的数据足够充分，我们就可以运用智能工具为产品匹配合适的细分市场。将同一细分市场的受访者的分数之和除以这一市场的受访者的总人数，即是该细分市场客户对产品的满意度分值。调查活动的设计和开展调查的时间点对于提高回应率和测量准确度至关重要。

・**客户费力度（CES）**：客户费力度与客户满意度一样，都是针对特定的产品功能设定的指标。不同的是，它侧重客户对产品的体验，包括产品操作便捷性、购买体验和配套服务，等等。

・**净推荐值（NPS）**：这是体现现有客户推荐产品的可能性的指标。这项数据通常通过调研活动收集。客户按照要求采取 0~10 分评分制，打 9 分或者 10 分的客户为推荐者,他们喜欢该产品,对待产品的态度十分积极,例如褒扬产品、长时间保持对产品的忠诚度以及继续购买关联产品。打0～6分的客户是贬损者,他们不喜欢甚至讨厌该产品,对待产品的态度非常消极,例如投诉,甚至诋毁该产品。一旦出现替代产品,他们立刻弃旧换新。打7～8分的客户是中立者,他们对待产品的态度介于推荐者和贬损者之间。净推荐值的计算公式如下:

净推荐值 = 推荐者占比 - 贬损者占比

如果推荐者多于贬损者,净推荐值为正数,这表明现有客户对该产品的推荐指数较高。如果净推荐值为负数,则表明推荐指数较低。为了获得可靠的净推荐值,选择调研时机至关重要,即时的与迟延的产品售后调研的结果或会不同。设计调研方案亦相当关键,必须确保调研反馈率高以及预估结果具有统计可靠性。

·日活跃用户数量(DAU,简称日活):即一个统计日内活跃用户数量(去除重复用户数)。活跃用户是指登录或使用某个产品并进行有价值的活动的用户,"有价值的活动"的含义由企业自行定义。例如,创建账户、购买商品、查看产品信息和提供反馈都可以被视作有价值的活动。日均活跃用户通常是指一个月内日活跃用户数量的平均值。

·月活跃用户数量(MAU,简称月活):即一个统计月内活跃用户数量(去除重复用户数)。一个月内某个多次登录或使用某个产品的用户仍然被计作一个用户。

· 日活 / 月活（DAU/MAU）：该比值在一定程度上反映了用户黏性。它是一个统计月内日均活跃用户数量与当月月活跃用户数量的比值。日活 / 月活指数超过 20% 的产品被认为是好产品。

· 平均会话时长（ASD）：单次会话从用户登录网站时开始，到用户退出网站或在 30 分钟内无任何操作时结束。会话时长是指用户在网站上花费的时间，平均会话时长的计算公式为总会话时长除以总会话次数。

· 跳出率（BR）：指只访问了入口页面就离开的用户访问量与总访问量的百分比。跳出率高是好还是坏取决于着陆页的设计意图。如果跳出率高于预期，着陆页或需重新设计，以吸引和留住访客。不同网站的平均跳出率区间各有不同。影响跳出率高低的因素还包括流量来源，如电子邮件、引荐流量、付费搜索、自然搜索、展示广告等。

· 退出率（ER）：退出率是指从某一页面退出网站的访客数量与浏览该页面的访客数量的百分比。退出率在一定程度上反映了网站对用户的吸引力大小。

· 留存率（Retention）：留存率是指新增用户中持续使用产品的用户的百分比。留存率曲线图展现了用户数量与时间的关系。随着时间的推移，留存率曲线通常呈下降趋势。将在下一节"产品与市场的适配度"中讨论有关吸引用户的问题。

- 流失率（Churn）：流失率分为客户流失率和收入流失率。客户流失指一段时期内流失的客户总数。收入流失指由客户流失产生的预估亏损额。客户流失率计算公式如下：

客户流失率 = 已流失的客户数量 ÷ 同期群客户总数 ×100%

收入流失率计算公式如下：

收入流失率 = 收入流失金额（同期群客户流失造成的亏损额）÷ 同期群初始总收入 ×100%

- 每用户平均会话数：这个指标反映了用户重复登录和使用网站的频率。它是指一个统计月内某一特定客户群每个用户的平均会话次数。每用户平均会话数越高，说明网站对客户的吸引力就越大。根据数据统计网站Littledata于2020年5月3日更新的一项基准研究结果，参与调研的网站中，排名前20%的网站的人均会话数大于1.6次，而排名后20%的网站的人均会话数低于1.2次。

- 转化会话数：该指标是指用户在单次会话中进行特定的转化行为的次数。在有关产品功能决策制定和客户行为研究的A/B测试中，我们亦可运用该指标。

第二类指标用于评估企业绩效和正确预估产品的商业前景，因此又被称为商业关键绩效指标。

- 月度经常性收入（MRR）：提供按月订阅服务的企业通常会采用这一指标。月度经常性收入的基本计算方法如下：假设某企业的月度经常性收入起始日期为月初，新增月度经常性收入（新客户贡献的月度经常性收入）与增购月度经常性收入（老客户升级产品或服务增加的月度经常性收入）之和，减去流失月度经常性收入（老客户流失所损失的月度经常性收入）与降级月度经常性收入（老客户降级产品或服务所损失的月度经常性收入）之和，即为该企业的月度经常性收入。对于像优步这种客户收益流未知且波动的企业，月度经常性收入的计算方式不尽相同。这一点将在下一节"产品与市场的适配度"中展开讨论。

· **每用户平均收入（ARPU）**：用月度经常性收入除以客户总数即为月度每用户平均收入。当订阅服务的价格结构发生变化时，比较新客户的每用户平均收入与原有客户的每用户平均收入，可知价格结构变化的影响。

· **客户生命周期价值（LTV）**：对于订阅制企业来说，客户生命周期是指每位客户与企业维持业务关系的期间的平均值。**每客户平均毛利（AGPU）**即每用户平均收入减去因产品产销分摊给每位客户的成本。客户生命周期价值即每客户平均毛利乘以客户平均生命周期。换言之，通过这个计算公式，我们能了解每位客户在未来可能为企业带来的平均毛利润。对于优步这样的企业，客户平均生命周期难以界定与测量。客户一个月未使用优步，并不意味着他们终止了与优步的客户关系，他们也许出城度假了，回来后会再次使用优步。留存率（δ）和贴现率（r）

可以代替客户平均生命周期来反映客户未来可能为企业带来的利润。随着时间的推移，假设留存率曲线趋向于一个值，年贴现率为 r，那么，客户生命周期价值的计算公式如下：

$$LTV = AGPU \times 12 \times \sum_{i=0}^{\infty} \delta \left(\frac{1}{1+r}\right)^i = AGPU \times 12 \times \frac{\delta}{r}$$

实际上，$12 \times \frac{\delta}{r}$ 代表按月度计量的客户平均生命周期。举例来说，如果年留存率为40%，年贴现率8%，那么 $12 \times \frac{\delta}{r} = 60$ 个月或者5年。

·**获客成本（CAC）**：指企业为了获取单个客户而投入的成本。获客成本等于某段时期内销售和营销总成本除以同期新客户数量。图5-2是关于获客成本结构的一个实例。这一指标可用来衡量当前销售和营销计划的有效性，通过比较客户生命周期价值和获客成本，评估利润情况，以判断当前销售和营销计划是否可行。如果客户生命周期价值低于获客成本，那么企业就需要改进销售和营销计划或优化产品，提高定价或筹集更多资金，而具体改进策略的制定和实施应属于产品经理和公司高管的责权范围。

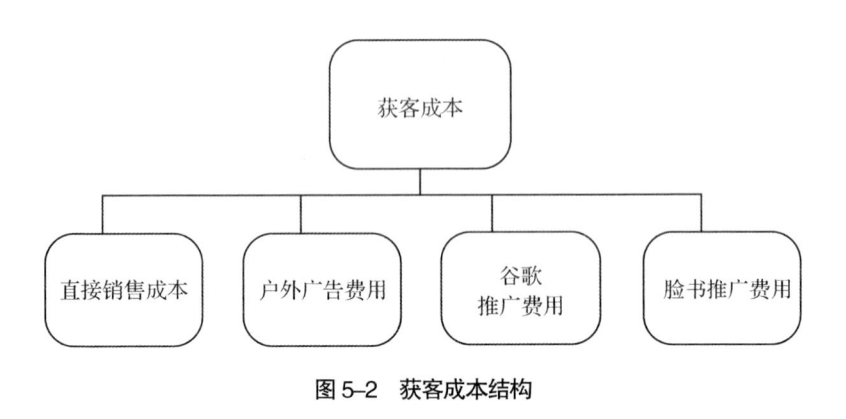

```
                    ┌──────────┐
                    │ 获客成本 │
                    └────┬─────┘
        ┌──────────┬─────┴─────┬──────────┐
   ┌────┴─────┐┌───┴────┐ ┌────┴────┐┌────┴─────┐
   │直接销售成本││户外广告费用││ 谷歌    ││脸书推广费用│
   │          ││        ││推广费用 ││          │
   └──────────┘└────────┘ └─────────┘└──────────┘
```

图 5-2　获客成本结构

- **流量转化率**：流量转化率是指目标受众完成创建账户的比例。营销团队负责引流，而销售团队负责流量转化。流量转化率的高低取决于流量的质量。因此，这个指标不仅直接反映了销售团队的工作效率，也间接反映了营销团队的业绩表现。网站的流量转化率等于月均新增收益除以月均新访客数量。流量转化率可以按照访问来源进行细分，以确定哪个推荐渠道更有效。获得高质量流量虽然成本较高，但转化率也较高，因此企业可根据业务目标，进行多次尝试，以找到高效的销售和营销方案。

产品与市场的适配度

产品与市场的适配度不仅指客户对产品的满意度。首先，有兴趣购买产品的客户肯定不在少数，因此产品售出一定份额只能说明其市场潜力很大。如果产品占据的市场份额十分可观，也仅表明产品比较符合市场需求。为了真正让产品与市场适配，产品必须具备强劲的市场竞争力。衡量产品与市场适配度的指标有两个——客户满意度和客户忠诚度。假设这两个指标数值区间为 0～10，0 为最低，10 为最高；再假设客户忠诚度的加权值高于客户满意度（如 2 : 1），那么产品与市场的适配度如图 5-3 矩阵所示。

```
客户忠诚度
10 ┌─────────────────┬─────────────────┐
   │  没有其他选择    │       高         │
   │ 产品与市场的适配度│ 产品与市场的适配度│
   │  6.667～8.333    │   8.333～10      │
   │                 │                 │
   │      低         │       高         │
   │ 产品与市场的适配度│ 产品与市场的适配度│
   │      <3         │    3～6.667      │
   └─────────────────┴─────────────────┘
 0                                     10  客户满意度
```

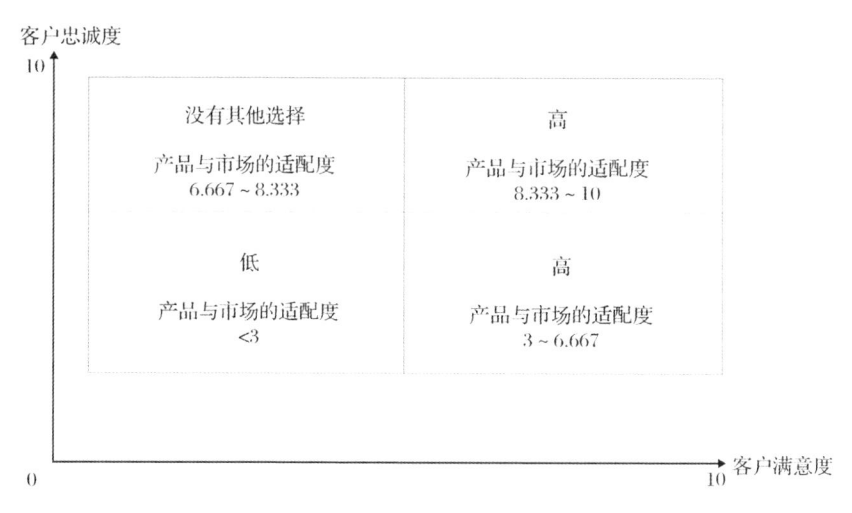

图 5-3　客户满意度 – 客户忠诚度矩阵

如果客户满意度很低，但客户忠诚度很高，这就意味着客户虽然怨声载道，但他们可以容忍任何问题，并将继续使用该产品，因为市场上没有其他可供选择的产品。在这种情况下，产品与市场的适配度不佳，但产品还有改进的机会。一般刚进入市场的新产品类别或具有垄断性的产品就属于这种情况。如果客户满意度很高，但客户忠诚度很低，这种情况更棘手，这表明竞品实力卓越，抢走了满意度高的客户。

如果产品落在矩阵的左边，则需要对产品加以改进；如果产品落在右下角，则需要建立忠诚度。企业的目标是将产品赶到矩阵的右上角。新产品不太可能位于右下角。如果产品原本位于右上角，当提供了同样的价值主张的强劲对手出现时，它就有可能转移到右下角。此时，建立忠诚度至关重要，否则，即使客户目前对产品很满意，企业也可能难以维持已经占领的市场份额。

综合考量两个产品关键绩效指标（客户满意度和客户费力度），客户满意度可以从1到10分为十个等级，企业需着重开发客户满意度最高的细分市场。

那么，衡量客户忠诚度的指标有哪些呢？对于市场普及率相当高的产品，如优步、脸书和网飞，留存率是准确衡量客户忠诚度的指标之一。我们以网飞为例，来说明常规订阅制企业的留存率计算规则。先将统计期末的用户总数减去新用户的数量，再除以同期期初的用户总数，最后乘以100%。统计期可以以季度或年度为单位，统计期范围可以是一个统计期、两个统计期，等等。留存率曲线是有效衡量客户忠诚度的指标之一。

但对于脸书、优步和软件运营服务（SaaS）产品而言，留存率很难确定。什么是客户？注册后没有任何操作的人能算作客户吗？通常在单位时间内活跃度达到平均水平的用户被称为"活跃用户"，不同的企业为活跃度达标设定了不同的阈值。对于脸书来说，活跃用户是每天的访问量超过设定参数的用户；对于优步来说，收益流的来源即用户，而活跃用户是每周付费超过一定金额的用户。具体来说，脸书设定的单位时间为一天，活跃度阈值是一次访问；优步设定的单位时间为一周，活跃度阈值是一美元。对于软件运营服务产品，单位时间可以是一个月，活跃度阈值可以是一美元。单位时间和活跃度阈值的设定取决于具体的业务，但这两个维度需能定义活跃用户的大致特征。任一客户的活跃度，即从他们成为客户到现在为止单位时间内平均活跃次数，都可以通过以下公式计算得出：

$$x(i; p) = 客户\ p\ 单位时间\ i\ 之内的活跃次数$$

$$z(n; p) = 客户\ p\ 单位时间间隔\ n\ 之内平均活跃次数$$
$$= \frac{1}{n}\sum_{i=1}^{n} \times (1, p) = 单位时间间隔\ n\ 之内的活跃度\ f$$

每个客户的活跃度根据单位时间的变化而变化，其公式如下：

$$z(n+1; p) = z(n; p) + \frac{1}{n+1}[x(n+1; p) - z(n; p)];\ n = 1, 2, \cdots$$

$z(1, p)$ = 客户 p 首个单位时间余下期间的活跃次数。

这个指标反映了单个客户的活跃程度，其统计期起始时间为客户关系成立之时。

根据每个客户的动态活跃度，像优步这样客户收益流未知且波动的企业，能计算出月度经常性收入。假设单位时间为一个月，活跃度阈值为一美元，那么函数是指成为客户一个月后该客户平均支出，即该名客户贡献的平均收入。将所有客户的平均收入相加，即为月度经常性收入。我们可以计算出**月度经常性收入**(n)，这里$n=1, 2, 3, \cdots$以此类推。该公式反映了月度经常性收入的发展趋势。

客户的动态活跃度也可用于判断该客户在任一时间单位是否处于活跃状态：如果大于活跃度阈值，则设定活跃用户为1；如果小于活跃度阈值，则设定活跃用户为0。活跃度的准确性取决于阈值的设置，后者应能精准标定"认真"的客户。活跃度的计算方式如表5-1所示。

表5-1 活跃度的计算方式

阈值	5											
月(i)	1	2	3	4	5	6	7	8	9	10	11	12
$x(i;p)$	10	8	5	7	4	2	3	2	2	4	3	5
$z(i;p)$	10	9	7.667	7.5	6.8	6	5.571	5.125	4.778	4.7	4.545	4.583
活跃用户	1	1	1	1	1	1	1	1	0	0	0	0

根据所有客户的动态活跃度，可以计算出任一单位时间内的活跃用户数量。计算某一时间段的留存率，应首先从统计期末的活跃用户数中减去新增活跃用户数，然后除

以统计期初的活跃用户总数，最后乘以100%。以留存率为纵轴，以时间为横轴，则可得到留存率曲线。

下一个问题是，如何用留存率曲线衡量客户忠诚度。一种方法是目测估计法，观察留存率曲线的走势，并据此以0～10分来评估客户忠诚度。如何评分取决于行业的基准，一般来说，陡降的留存率曲线表明客户忠诚度低。如果曲线虽呈下滑趋势，但在某一特定坐标点趋于平缓，那么这个点反映了客户忠诚度的水平。如果曲线最初下降，随后上扬，那么就表明客户忠诚度高。下面列举了一些留存率曲线实例。客户忠诚度分值是基于曲线走势和所调研的行业而做出的主观判断。在观察期保持不变的情况下，曲线沿着时间横轴发生变化，代表了忠诚度的变化。

留存率的波动性表明客户活跃度并不统一。例如，对于优步来说，其客户留存率会因季节更替、旅行活动和外部事件而上下波动。我们可以观察曲线并将外部因素列入考量范畴，从而评估产品与客户的适配度。只要数据充分，我们就可以利用人工智能计算这一适配度。辨别活跃度下降的客户群组有利于我们找到下降原因，并改善产品或服务，召回客户。

留存率曲线会沿着时间横轴的延长上升，原因有点费解。这对于优步这类企业来说是可能的。客户与新产品之间一般存在磨合期，以优步为例，客户或许会质疑搭乘陌生人的车的安全性，因此并不经常使用该产品，活跃度就会低于阈值。但随着优步服务的升级，人们逐渐认同了共享出行服务的理念，活跃度就会提高并超过阈值。因此，在统计期期初，用户被计作 0，后来被计作 1，这就出现了随着时间横轴的延长，留存率曲线向上移动的情况。对于订阅服务产品而言，留存率曲线总是向下移动，并如图 5-4 中较低的两条曲线一样，走势趋于平缓。在这种情况下，随着时间的增加，留存率往往会达到一个稳定的水平。

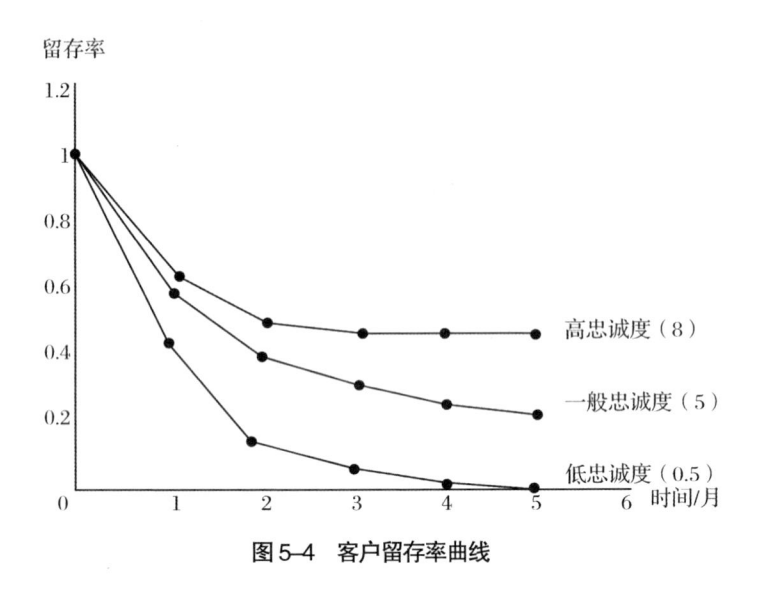

图 5-4　客户留存率曲线

对于像智能手机和汽车这类一次性购买的产品来说，重复购买率是衡量客户忠诚度的重要指标之一，但只有当下一代产品面世时，结果才能揭晓，然而为时已晚。在产品升级换代期间，产品经理需要另外采用一个忠诚度指标，来有效推进产品的升级换代。当小米公司进入饱和的智能手机市场时，它创建了一个网络平台，这个网络平台不仅能用来销售产品，还是目标客户的交流社区，供其讨论小米智能手机相关话题、购买配套软件和服务及系列产品，并提供产品反馈和建议。小米公司尝试采纳客户的一些建议，并体现在每周产品更新中。客户在这个网站上参与产品讨论、反馈建议和购买关联产品的频率很好地反映了客户忠诚度。因为活跃度还可定义为客户在单位时间内所参与的一些特定活动的频率。因此，上述平台可以用来确定留存率，即衡量客户忠诚度的另一个指标。对于一次性购买的产品而言，开发类似平台来评估客户活跃度是有意义的举措，其原理是将一次性购买的产品与忠诚客户会参与的特定活动联系起来，客户的参与频率可以反映其忠诚度。除了网站，就产品新闻及社交活动定期举办论坛也是一种解决方案。这些数据采集工具都能收集用户的反馈。总而言之，设计网站和定期活动是当务之急，以便提高获取有用数据的成本效益，正确评估客户的忠诚度。

提高产品与市场的适配度

客户满意度-客户忠诚度矩阵中的方位代表了产品与市场的适配度。将方位向上或向右上方引导的产品战略，可提高产品与市场的适配度。该方位代表了两个指标：客户满意度和客户忠诚度。企业可以将这两个指标分解成可操作的输入指标，如产品功能、客户支持、分销渠道和价格结构等，通过改变这些输入指标直接调整两个指数；接着设计实验，验证调整的结果。通常情况下，找准关键的可操作的输入指标，即找准提高产品与市场适配度的主要驱动因素，便能达到四两拨千斤的效果。识别主要驱动因素及其作用机制，有助于提高产品战略的成本效益，从而提高产品与市场的适配度。

客户对各个产品功能的相对加权值代表了他们对该等功能的重要性排序。因此，改进权重相对较高的功能会显著提升客户满意度。企业可以按照赋权倾向对客户进行分类，并且建立数学模型，在SCAT分析框架（现状－挑战－方案－验证）中体现功能的优化。企业通过这个模型进行成本效益分析，可以获得最佳的产品功能改进方案。该模型也能为实验设计提供指导，有效验证功能重要性排序的假设，并评估功能改进对客户满意度的影响，以及客户支持、分销渠道等方面的改善对客户费力度的影响。综合起来，即是可操作的输入指标的调整对客户满意度的影响。

相对客户满意度，影响客户忠诚度的因素更为复杂。企业首先要明确衡量客户忠诚度的关键指标是什么，这在很大程度上取决于产品的性质。以网飞为例，订阅会员的留存率并非衡量客户忠诚度的关键指标。许多会员并不热衷于观看网飞节目，但也未取消订阅，有的是忘记取消订阅，有的是订阅率太低，保留订阅只是以防万一。我是多年的网飞用户，不经常看恩太思（EntEx，网飞旗下的娱乐体验平台），但我的孙子、孙女以前常来看望我，他们经常看网飞，于是我为他们保留了这个账户。现在我的孙子、孙女来访的次数越来越少，因为他们长大了，有自己的社交圈。我正在考虑是否应该取消订阅。对于客户忠诚度来说，可能客户在一周内观看网飞的小时数才是正面指标。也就是说，判定活跃用户的阈值可以是一周内观看网飞的特定时长。我们将在本章最后一节阐述计量活跃度的模型。至于可操作的输入指标和活跃度之间的关系，需设计实验，才能验证。

选择的指标正确与否或有赖于定价政策。还是以网飞为例，由于它的定价是以订阅量为基础的，因此用户的留存率决定了营业收入。活跃用户继续订阅服务的可能性更大，因此上文所述的活跃用户的留存率是衡量客户忠诚度的有力指标之一。然而，如果网飞采用按次收费的定价模式，那么衡量指标则以各个用户的平均观看次数为佳。定价通常是客户忠诚度的关键的可操作的输入指标之一。

产品战略和增长

商业关键绩效指标反映了企业过往的业绩表现。使用历史统计数据的平均值作为衡量标准，其前提是商业环境相当稳定。在产品的早期和发展阶段，企业需要制定新的指标来反映市场是否一直在增长，并为产品战略的制定提供参考,以提高收益增长。

根据抢眼点-支撑动态交互模型,潜在客户分为两类。一类是冲动型客户,他们能响应激动人心的营销活动以及广告和销售工作;另一类是理性型客户,他们更青睐口碑好的产品。两者联动情况如下:很酷的产品的功能和营销吸引了一些冲动型客户,其中一些客户会认同产品的价值,并成为活跃用户,从而影响一些理性型客户购买产品,而该类客户中也有一部分会成为活跃用户。

$$x(k) = \theta\, u(k)$$

$$y(k+1) = \alpha\, z(k)$$

$$z(k+1) = \delta\, z(k) + \beta\, x(k) + \gamma\, y(k)$$

$x(k)$: 在单位时间 k 内冲动型客户的数量;

$y(k)$: 在单位时间 k 内理性型客户的数量;

$z(k)$: 在单位时间 k 内活跃用户的数量;

$u(k)$: 在单位时间 k 内销售和营销成本。

θ:每个冲动型新客户的平均销售和营销成本;

α:理性型新客户在活跃用户中的占比;

δ:活跃用户的留存率;

β:冲动型客户使用产品后转化成活跃用户的百分比;

γ:理性型客户使用产品后转化成活跃用户的百分比。

参数 θ、α、δ、β、γ 的设定取决于产品与市场适配度的高低、推介和销售计划的有效性以及目标客户群的特点。这些参数在市场开发过程中会缓慢发生变化。前文提及的指标可以用来评估这些参数。

新客户可按照引流渠道分为两类,一类来自销售和营销工作,如电视广告、电子邮件营销、公司网站和销售活动;另一类来自活跃用户及其所做出的推荐、用户评论和社交媒体。换言之,一类来自销售和营销渠道,另一类来自口碑推广渠道。来自销售和营销渠道的客户属于冲动型客户,来自口碑推广渠道的客户属于理性型客户。假设用单位时间内的销售和营销成本除以冲动型新用户总数,得到的数值为 θ;用理性型新客户数量除以活跃用户总数,得出的数值为 α;一定时间段活跃用户留存率为 δ;一定时间段冲动型新客户留存率为 β;一定时间段理性型新客户的留存率为 γ。

如果能收集到足够多的函数,这些参数也可以用最小二乘法来计算。在单位时间内,新客户的数量为:
$n(k)=x(k)+y(k)$。

线性最小二乘法可以用来估算以下公式中的参数:
$n(k+1)= \delta n(k)+ \alpha \gamma n(k-1)+ \alpha (\beta - \gamma) \theta u(k-1)+ \theta u(k+1)$。

交叉检验由上述两种方法得到的估值。

这个线性模型进一步揭示了客户生命周期价值的内涵——若将网络效应纳入模型,那么获取一个新客户意味着未来会获得更多的新客户。因此,衡量生命周期价值的模型应计入获得新客户后的动态增长效应,同时将这些新客户的收益流乘以贴现率。另外,将新增客户分为冲动型和理性型两类大有助益。**获客成本率（CACM）**是以销售和营销成本除以通过销售和营销渠道获得的新客户数量（不包括来自口碑推广渠道的新客户），是真实反映销售和营销计划有效性的衡量指标。获客成本率越低，表明销售和营销计划越奏效。根据获客成本率的计算公式，如果获客成本小于客户生命周期价值，则两者的差值反映了推荐计划的有效性。

抢眼点-支撑动态交互模型其实是一个线性差分方程，可以用线性差分方程的数学原理进行阐释。该模型可以用下列公式表达：假设 $u(0)=u$，而 $u(k)=0, k=1,2$，且 $1-\delta < \alpha\gamma$，则 $z(k)$ 和 $n(k)$ 将会呈指数型增长；若 $1-\delta = \alpha\gamma$，则呈线性增长；若 $1-\delta > \alpha\gamma$，则呈停滞增长。这表明，如果产品发布活动卓有成效，并且未来没有进一步销售和营销支出，那么在这种情况下，抢眼点-支撑动态交互模型的计量结果取决于 δ、α、γ 这三个指标。$1-\delta$ 代表模型计量范围内活跃用户的流失率或漏损；$\alpha\gamma$ 代表自然引流渠道的获客率，即活跃用户通过口碑效应自带的客流。**因此，不等式 $1-\delta < \alpha\gamma$ 表明自然引流渠道的获客率高于客户流失率，换言之，自然获客率实现净增长。**若无销售和营销成本支出，这一比率还能实现指数型增长，销售和营销成本将进一步刺激收益增长；如果 $1-\delta = \alpha\gamma$，那么净自然获客率为 0，该增长与销售和营销成本呈线性关系；如果 $1-\delta > \alpha\gamma$，则净自然获客率为负数，销售和营销成本越高，收益越低，增长停滞。另外两个参数 θ、β 并不影响上述经济模型的计量结果（指数型增长、线性增长和停滞增长）。它们的作用对象是这三类正、负增长的幅度。假设函数 $z(k)$、$n(k)$、$y(k)$ 和 $x(k)$ 以及销售和营销成本为常量，则前四个函数的动态曲线图如图5-5所示。

值得注意的是，净自然获客率为正值或者0的情况下，

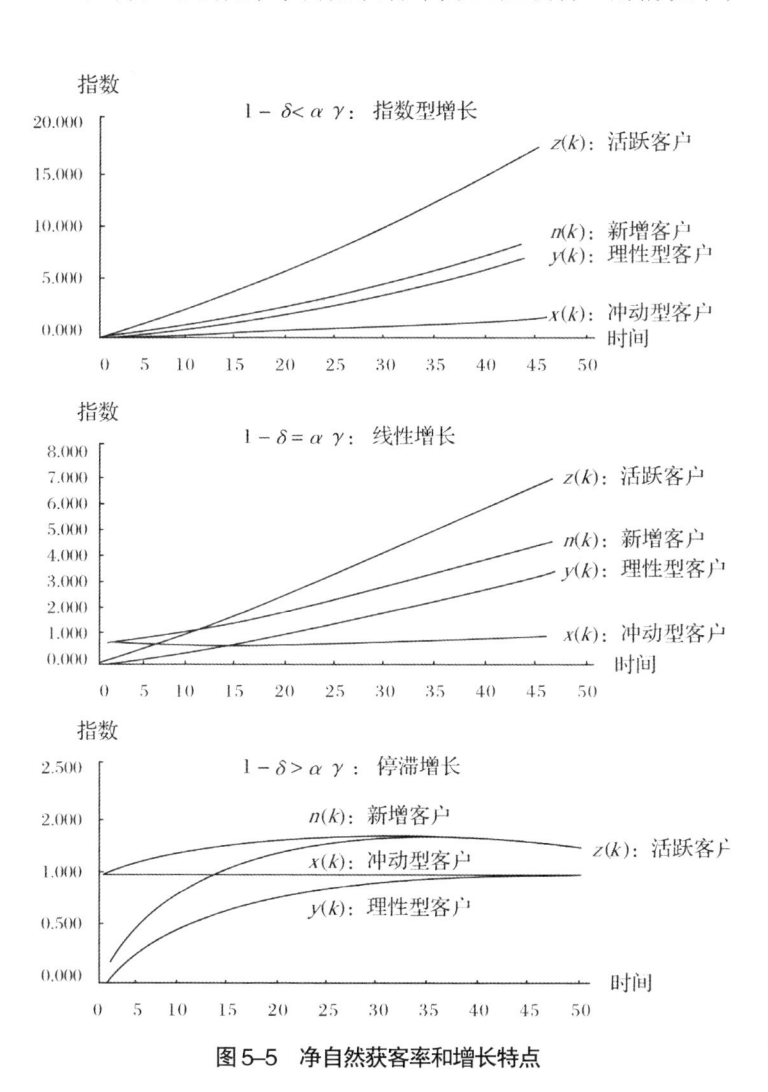

图5-5 净自然获客率和增长特点

活跃用户数量将永远大于新增客户数量。参数 θ、α、δ、β、γ 会随着时间而缓慢变化，因此可以通过假设这些参数为常量来对它们进行估值，并用估值结果指导产品决策的制定。

当很酷的产品面世，吸引了冲动型客户时，抢眼点 - 支撑动态交互模型即投入使用。开发符合潜在市场需求的产品和制定有效的营销和销售计划（参数 θ、β 的取值会很高）是保证模型启动的两大要素。完成这一点后，实现经济模型内函数曲线的增长成为当务之急。该增长的关键指标是留存率（δ）、活跃用户转化率（γ）以及理性型活跃用户数量（α）。留存率大概率取决于客户是否认可产品价值、竞争者实力和客户忠诚度的建立，活跃用户转化率则依赖于客户满意度和用户体验。

衡量产品竞争力的指标为函数（θ,β）和净自然获客率。（θ,β）数值大，表明产品在吸引冲动型客户方面具备短期优势，而净自然获客率高，则表明产品在留存忠诚客户方面存在长期优势。净自然获客率为正数，意味着在销售和营销成本少或不存在情况下的永久增长。促使 θ 增多的销售和营销成本增长将趋于持平，因此产品战略的长期目标应是确保净自然获客率为正增长。

企业若要达到口碑引流的效果，可以为活跃用户量身定制口碑推广方案，促进他们与志同道合的潜在客户交流用户体验和产品价格。早期产品战略是指根据产品开发进程进行合理的资源分配,制订口碑推广及忠诚度建立计划,并以侧重短期增长为前提,协调产品长、短期功能支撑的策略。这是一种抢占式战略,一旦抢占的市场份额达到一定水平,产品战略就应该重置目标,尽早实现净自然获客率的正增长。这是一种维持发展战略,通过与客户的互动,找准能有效提高净自然获客率的产品功能或属性,这将有助于企业确定未来几年的产品发展路线。

获客成本与分销渠道的有效性成反比。分销渠道的有效性由通过该渠道获得客户的平均成本所决定,它等于该渠道的平均流量转化率乘以其平均流量成本。产品在开发初期鲜为人知,很难吸引高效的分销渠道,因此获客成本相当高。随着活跃用户数量的增加,或吸引到更多有实力的分销商,产品的获客成本会有所降低。在销售和营销费用相同的情况下,新增客户越多,则活跃用户越多。这将引发分销效率和活跃用户之间的交叉网络效应,从而加速新用户数量的增长。

该模型也可用于预估产品的短期(3~5年)收入和毛利润。企业可以通过假设定价和成本为常量来预估未来时间段内的产品收入和毛利润。例如,假定某产品的活跃用户产生了收益流,那么在单位时间内的收入为 $z(k)$ × **每用户平均收入** (k),而毛利润为 $z(k)$ × **每客户平均毛利** (k)。如果该产品为一次性购买的产品,那么单位时间 k 内的产品收入为 $n(k)$ × **产品价格**,而毛利润为 $n(k)$ ×

毛利润。在上述结果中计入工程、营销和管理费用，对利润与亏损进行预估。企业可以根据行业标准选择图 5-5 模型中的参数，以便建立基准模型与其他方案进行比较，再根据产品策略和时间的演变，更改这些参数。使用此类模型可进一步验证可获得市场规模和利润及亏损的预期，因为该类模型以动态客户行为的逻辑论证为基础，并采用了投资者熟悉的指标。

总结

在发掘产品价值主张阶段，设计思维方法论中的迭代优化措施是管理不可量化风险的有效方法。在落实产品价值主张阶段，根据反馈数据正确制定产品决策是管理不可量化风险的有效手段。在这两个阶段，设计高效的数据收集系统至关重要，它可以确保企业获取数据的有效性，从而做出英明的产品决策。在落实阶段，支撑明智决策的反馈数据是关键绩效指标。抢眼点－支撑动态交互模型反映了产品成功取决于产品与市场的适配度，该适配度的测量指标为净自然获客率和分销成本与活跃用户之间的关系。因此，落实阶段的重心在于，通过将关键绩效指标作为反馈数据，有效制定驱动净自然获客率增长（即提高产品与目标细分市场的适配度）的决策，包括产品开发流程决策、分销战略决策和忠诚度系统构建决策等，并且加速目标细分市场占有率的提升。

市场扩张阶段的重点是将业务扩张到其他细分市场。在此期间，企业可依据各个细分市场的特点以及细分市场之间的关系，制定关键绩效指标。该指标有助于正确制定产品战略，提高产品对其他细分市场的渗透率，企业可以凭借大数据和人工智能技术来制定新的关键绩效指标。

讨论问题：

1. 假设你是一个智能手机生产商，你会如何评估客户忠诚度？

2. 你知道评估企业业绩的关键绩效指标还有哪些吗？想一想商业关键绩效指标，说明这些指标反映业务运营绩效的作用机制。

3. 你还能用哪些关键绩效指标来评估产品或功能的受欢迎程度并提高客户活跃度？想一想产品规格或特性，然后举例说明。

4. 按照客户满意度－客户忠诚度矩阵中的四个象限为产品分类，请在每个类别中举出一些实例。

5. 为什么获客成本在净自然获客率呈指数型增长期间，比在其他类型的增长期间下降得更快？通常有哪些机制在起作用？

6. 哪些指标可以有效确定净自然获客率是正数、零还是负数？

7. 如果净自然获客率为负数，你应该怎么做？请举例说明。

8. 为什么说抢眼点－支撑动态交互模型进一步概括了获客成本和客户生命周期价值的关系？它们之间的关系是怎样的？初创企业通常希望客户生命周期价值与获客成本的比率为3或以上，但在哪些情况下，这一普适的阈值会失效？请举例说明。

第六章

产品进阶之旅

Aerobotics公司成功地开创了一项业务，它结合了由卫星和无人机拍摄的航空影像以及机器学习算法，从而为农民提供早期问题的监测服务，帮助农民监测农作物、获得潜在风险的早期预警以及提高农作物的产量。Aerobotics公司于2014年开始向南非的农民提供服务。截至2019年，该公司垄断了南非坚果树市场40%的份额、橘树市场20%的份额。过去六年来，Aerobotics公司的服务已扩展至全球11个国家的数百座农场，其中包括澳大利亚和美国。Aerobotics公司所面临的新问题都是围绕业务扩张出现的，而在创业之初，Aerobotics公司所面临的挑战是让农民相信公司的服务能够为他们创造价值。现在，这一价值主张已被农民接受，接下来的挑战就变成了如何与遍布世界的、向农民提供同类服务的竞争者竞争。Aerobotics公司是否应该每次只在一个国家扩张业务，并且每次都瞄准坚果树和橘树市场？还是说Aerobotics公司应该同时在多个国家扩张业务，并且同时瞄准多个农业细分市场？或者，在与农民合作的同时，Aerobotics公司是否应该将其监测服务扩张至向农民提供贷款和保险的金融机构，从而助力农民更好地评估风险？Aerobotics公司面临的是全新的问题。要解决这个新问题，Aerobotics公司须开展新的"发现-实施"迭代过程。

杰弗里·摩尔（Geoffrey A.Moore）在其著作《跨越鸿沟》（*Crossing the Chasm*）中写道，在高科技产品的早期接受者和实用主义者之间横着一道鸿沟，因为两者有着不同的期望和技能水平。早期接受者会被新技术激起的兴奋感吸引，并且认为个人拥有从新技术产品的早期版本中攫取价值的技能水平。然而，大部分实用主义者都没有那种攫取价值的技能水平，所以他们会观望，等到新技术成熟，处于同一技能水平的其他人从新产品中收获效益。一款新技术产品能否取得成功，取决于公司能否改良产品、能否制定市场策略去跨越早期接受者和实用主义者之间的鸿沟。对于那些能够跨越鸿沟的企业来说，谁能第一个创造出强大的"羊群效应"，谁就能成为真正意义上的行业标杆并主导市场。这一理论来自针对IT技术产品的研究，而那些IT技术产品起源于个人电脑革命风起云涌、颠覆式技术创新层出不穷的时代。这一理论是否适用于一般的从0到1的产品创新阶段，还需打个问号。在一般的从0到1的产品创新过程中，也适用一种类似于跨越鸿沟的策略，但这里的鸿沟不是在细分市场里，而是在产品团队的思维观念里。

如前面的章节所述，从0到1的产品创新过程主要存在四个等级的风险。第一级是市场进入风险，第二级是价值主张风险，第三级是市场竞争风险，第四级是扩张风险。每当晋级到新一等级的风险，产品经理都会面临新的问题，因此也就需要变革产品团队的思维观念去解决新问题。第一级是进入市场之前的风险，从第二级开始，就属于进入市场之后的风险了，当中的区别很明显。等晋级到第二级风险后，产品团队的关注点就要从产品开发迅速转移至占有目标细分市场，从而在这一细分市场中验证产品的价值主张是否行得通。此时，提供相似或相同价值主张的产品的竞争对手更像是协助消除价值主张风险的"合作伙伴"。等有了足够的消费者和经济主体为价值主张买单后，市场竞争风险就开始出现了。之前的那些"合作伙伴"也随之慢慢变成竞争对手。那些有着强大财务支撑的新主体，进入市场后可能会提供相似或者更具竞争力的价值主张的产品参与竞争。由此，产品团队所面临的市场结构也会与以往大相径庭。要化解市场竞争风险，产品团队就需要革新思维观念，同时转移着眼点。在产品团队的思维观念里，就横起了一道鸿沟：通过改良产品扩大市场份额，或者对一个充斥着强大竞争对手的市场新结构做出回应。从 0 到 1 的产品创新阶段能否取得成功，取决于产品团队能否跨越这个阶段思维观念上的鸿沟。这就要求产品团队在着眼于市场扩张的同时，启动一个新的流程，发掘和构建强大的生态系统，来支撑能够吸引主流市场的价值主张。

第二级风险的结束和第三级风险的开端之间没有明确的界限，因此，很多早期的继承者都没能分辨出市场结构的变化，并继续着通过改良产品扩张市场的路线。其中，谁能够领先一步看出这一变革并成功地调整其"发现-实施"迭代过程、构建起强大的生态系统去支撑其价值主张，谁就能够在从 0 到 1 的产品创新阶段竞争中脱颖而出。

以高科技产品为例，当产品团队将产品从早期接受者扩张至实用主义者时，团队就会面临全新的市场结构。因此，产品团队需要转变思维观念，从通过改良产品来扩张早期的适应性市场，转向发掘和制定新战略去俘获那些实用主义者。这一转变发生于价值主张风险已经消失、市场竞争风险刚露出苗头的时候。可见，跨越鸿沟的现象在所有从 0 到 1 的产品创新过程中都会出现。要跨越这一鸿沟，产品团队需要转变思维观念，从改良产品转向新的"发现-实施"迭代过程，构建起强大的生态系统，支撑其价值主张。如果不能顺利地跨越这一鸿沟，即便是成功的先发者，也会错失良机，无法在从 0 到 1 的产品创新中成为最后的赢家。

错失良机

1956 年，一家叫安培（Ampex）的美国公司第一个推出了磁带录像机。它是个庞大的"盒子"系统，售价高达 10 万美元以上。安培的客户是电视台，电视台用这种磁带录像机录制节目，然后在其他城市播出。索尼公司想开发家用录像机，然而这项技术并不适用于家用市场。索尼公司决定进军这一工业市场并改良录像技术，最终使之适用于家用市场。这类产品背后的价值主张是"时间转移"：让人们在此时录下视频，在彼时回放录像。对于广播用途而言，画面质量是一个关键因素。当时的信息内容就是电视节目，通常是半小时到一小时的长度。索尼公司开发出了一款工业产品，它用的不是盘式磁带，而是盒式磁带——VCR（Video Cassette Recorder，盒式磁带录像机）。索尼公司的产品大获成功，并且很快取代了安培在工业市场的地位。索尼公司在工业市场的成功，使其有财力进一步改良 VCR 技术，从而缩小产品的尺寸、降低产品的售价。最终，在 1975 年，索尼公司成了第一家叩开美国 VCR 家用市场大门的公司。索尼公司的产品使用的是 Beta 格式，整台机器非常小巧，图形画质也很高，可录像时长长达一小时（它有两种录像速度，在慢速录像下，可录制时长长达两小时，但画质会大打折扣）。

索尼公司在广告促销中提出的愿景是"随时观看你最喜爱的电视节目"，这吸引了大量电子爱好者为这款产品买单。很多电子爱好者对这款产品爱不释手，这也开始吸引普通消费者的目光，他们对电子产品知之甚少，但是又想体验。索尼公司作为先发者，又有着响亮的品牌口碑，很快就在美国市场上一骑绝尘，获得了近 80% 的市场占

第六章 产品进阶之旅

有率。然而，仔细审视索尼公司的市场渗透，我们会发现，它的增长也是有局限性的。消费者要从"时间转移"的价值主张中攫取益处，就必须掌握设置自动录像的技能。对于那些精通技术的人来说，自动录像功能的设置只是信手拈来，但对于大部分普通消费者而言就没有那么容易了。设置自动录像功能的技能制约着 VCR 在普通大众市场的渗透。为了参与竞争，VCR 的生产商们都在争相开发新功能来提升设置自动录像功能的易用性，而这个技术瓶颈，无论是索尼还是其他 VCR 生产商，都无法轻易地打破。这一制约的存在，为 VCR 的市场增长套上了枷锁。VCR 市场最后迎来的爆发式增长，不是因为索尼公司或其他 VCR 生产商解决了这一技术问题，而是一个非 VCR 生产商提出了完全不同的抢眼的价值主张。

1976 年，在索尼公司推出支持 Beta 格式的 VCR 之后，好莱坞电影公司起诉索尼公司侵犯其知识产权。索尼公司在这场法律角逐中胜出了，与此同时，好莱坞电影公司提出了一个全新的抢眼的价值主张——预先录制好你最喜爱的电影，带回家观看。这一价值主张完全不需要消费者进行任何的录像操作，所以设置自动录像功能的易用性就无关痛痒了。同时，为了让这一价值主张更具价值，新影片在影院完成第一轮的放映之后，好莱坞电影公司会在数月之内推出新影片的录像版。好莱坞电影公司最初将新影片制作成 VCR 录像时，每一部电影的单价约为 90 美元，远高于消费者在影院观影的票价。因此，消费者是否会为VCR录像买单，主要取决于他们是否理解"时间转移"。当好莱坞电影公司将足够多的新老电影制作成VCR录像并以高达每部90美元的价格出售时，就有一批新的创业者开创了录像租赁市场。录像租赁店的经营者通过批量购买来降低预录制电影的单价，再以每部每天9.9美元的价格租赁给消费者——这个价格比消费者到影院观影的12.5美元票价还低。由于租赁的影片可以一家人（通常多于两个人）同享，录像租赁店的出现就使得"在家观影"这一价值主张较之"时间转移"的价值主张更能吸引消费者。

支撑"在家观影"这一抢眼愿景的生态系统，由三种生态系统构成：回放设备的生态系统、租赁服务的生态系统以及电影制片和发行的生态系统。同时，租赁服务的生态系统又由一系列的地区性租赁服务生态系统构成。录像租赁店开在热闹的街区，会带动该街区的人们购买一部设备以实现在家观影的愿景。由于无须设置自动录像，普通消费者就发现了VCR的一个新用途：用来观看预先录制的影片。很多人购买VCR只是为了观看租来的电影录像。

1977年，日本胜利公司（JVC）在美国市场上推出了一种新的VCR格式——VHS。Beta和VHS两种格式互不兼容，两者在回放上也有着不同的便利性。索尼公司是一小时可录制时长的Beta格式，日本胜利公司是两小时可录制时长的VHS格式（两者时长都是在快速录像模式下的时长）。Beta格式的录像画质略优，但两种格式的回放质量相当。电影都是用快速录像模式录制的，以此确保其回放质量。要预先录制一部90～120分钟的影片，用Beta格式需要两盒录像带，而用VHS格式只需要一盒录像带。由于储放空间有限，那些小的录像租赁经营者发现储备VHS格式的电影更经济，因为这样可以储备两倍的影片量。还没有购买VCR的观影者就会购买支持VHS格式的VCR，这样就能在街区的录像租赁店里轻松地选购新电影；已经购买支持Beta格式VCR的观影者，也会再买一部支持VHS格式的VCR，因为他们发现街区的大部分录像租赁店都不储备Beta格式的影片。日本胜利公司还采取了广泛的许可策略，允许许多制造商生产VHS格式的VCR。有了规模经济的加持，VHS格式的成本也比Beta格式低了许多。因此，相较之下，人们从支持VHS格式的VCR中获取的价值就多于从支持Beta格式的VCR中获取的价值。随着VHS用户的增多，仅以VHS格式储备影片的录像租赁店数量也逐渐增多。支持VHS格式的VCR由此迎来了指数型增长，并在1979年主导了美国的VCR市场。

最终，索尼公司也推出了两小时可录制时长的录像带，但此时美国VCR市场已是支持VHS格式的VCR天下。此时，录像带的可录制时长已不再是决定VCR角逐胜败的关键因素，市场份额才是。无力回天的索尼公司终止了支持 Beta 格式的 VCR 在美国的销售，转而当起了支持 VHS 格式的 VCR 许可生产商。

原本，索尼公司的 Beta 格式有机会成为 VCR 市场的行业标杆，因为它是消费型 VCR 市场的先发者。索尼公司之所以会错失良机，是因为它固守其预设的产品策略，未能对好莱坞电影公司提出的价值主张做出回应。Beta 格式初期取得的成功，刺激好莱坞电影公司提出了"在家观影"的全新价值主张，这其实也有赖于 VCR 设备。这一新的价值主张远比索尼公司提出的"时间转移"价值主张更具吸引力，因此，VCR 市场被颠覆了。从产品的角度来说，好莱坞电影公司并不是 Beta 格式 VCR 的竞争者，但从价值主张的角度来看，它却是索尼公司的劲敌。在好莱坞电影公司与索尼公司对簿公堂时，索尼公司就应该预料到，好莱坞电影公司不会轻易放过 VCR 市场。假如索尼公司能走一遍设计思维流程，进行一场头脑风暴，也许它就会发现，加快两小时可录制时长录像带的开发步伐去支撑好莱坞电影公司的价值主张，是多么的刻不容缓。假如索尼公司早在 1978 年就推出了两小时可录制时长的 Beta 格式录像带，它就能跨越这道鸿沟，Beta 格式也会成为 VCR 市场的行业标杆。

一个相似又不同的案例是，作为后来者的 IBM 公司在个人电脑的角逐中拔得头筹。传统的做法是降低生产成本，从而提高利润率，而 IBM 公司则通过与微软公司合

第六章 产品进阶之旅

作 DOS 操作系统，颠覆了个人电脑市场。在 IBM PC 上运行的 DOS 操作系统由 IBM 公司和微软公司合作开发，因此这两家公司平分 DOS 的许可费。此后，向克隆机生产商收取的许可费，也须经过两家公司的同意。1985 年，威廉·洛同意了比尔·盖茨的提议，微软公司可以不经 IBM 公司的同意，自主制定克隆机使用 DOS 操作系统的许可费，并独享此许可费收入；作为交换，IBM PC 使用 DOS 操作系统时，无须再支付任何费用。由于当时的个人电脑市场是 IBM 公司的天下，这笔交易表面上看对 IBM 公司有利，但由于微软公司是一家软件应用程序开发商，它可以一边降低克隆机使用 DOS 操作系统的许可费，一边通过售出更多的软件应用程序作为补偿。微软公司降低了克隆机使用 DOS 操作系统的许可费之后，一大波克隆机涌入个人电脑市场，颠覆了整个个人电脑市场。IBM 公司以传统的做法——通过对中央处理器和操作系统的控制来腰斩克隆机——来应对。曾经支撑 IBM PC 生态系统的成员（微软、英特尔、康柏、惠普及其他大型克隆机生产商，以及 DOS 操作系统应用程序软件开发商）齐心协力，继续推动着被 IBM 公司遗弃的生态系统的发展。假如 IBM 公司能够探索新途径去解决它未曾面临的问题，也许它还能继续占领最大的个人电脑生产商市场。然而，它固守商业惯例，以至于错失良机。

着眼于价值主张，而非产品功能

产品只是手段，而价值主张的传递才是最终目的。当人们为一种新的价值主张买单时，人们买的不是产品，而是产品的价值主张。因此，在从 0 到 1 的产品创新阶段，要树立起一个强大的竞争地位，着眼点应该是提升价值主张，而非单纯地开发新的产品功能。这里有若干案例，选自个人电脑行业的发展史。

1977—1981 年，个人电脑的价值主张逐渐为个体客户和商务人士所接受。这得益于一众公司［如苹果、睿侠（Radio Shack）、雅达利（Atari）、德州仪器、英特尔、摩托罗拉、微软、数字研究（Digital Research）、可视以及众多其他电子公司］的共同努力。它们构成了个人电脑生态系统的供给侧：有的生产个人电脑，有的生产微处理器，有的供应操作系统，有的开发软件应用程序，有的生产存储芯片，有的生产外围设备，等等。在这个生态系统里，每一个成员都明白自己为传递个人电脑的价值主张所扮演的角色。以苹果公司为例，Apple II 电脑传递的是苹果公司对于实现个人电脑的价值主张。Apple II 的顾客不只是单纯地购买产品，也是在实现其价值主张——帮助人们处理和管理信息。要适应竞争和扩大市场，苹果公司需要着力探索如何提升其价值主张，以迎合现有的客户群以及公司计划争取的潜在客户群。

1981 年，IBM 和其他成熟的大型电脑公司进军了个

第六章 产品进阶之旅

人电脑市场。IBM PC 以开放的架构,为软件开发者和外围设备生产商提供了机会,使之能够开发互补的产品,从而提升个人电脑的价值主张。就功能而言,IBM PC 和市面上的其他个人电脑并无二致。但是,其开放式的架构使其能够就"帮助人们处理和管理信息"传递更高的价值主张。由于 IBM 公司有着响亮的口碑,与大型企业有着牢固的关系,IBM PC 很快成了众多大型企业办公设备的首选,这又吸引来众多大型办公设备经销商和电子零售商店签约销售 IBM PC。仅仅几年时间,IBM PC 就称霸了个人电脑市场。尽管 IBM PC 在初期取得了成功,但最终它还是失去了市场,因为它的着眼点转向了更多地盈利,而非提升价值主张以迎合消费者。

Apple II 的市场份额被 IBM PC 夺走后,苹果公司又推出了麦金塔电脑,其目标是从 IBM PC 那里夺回市场份额。麦金塔电脑着眼于传递两个新功能,一个是激动人心的图形用户界面,另一个是即插即用。麦金塔电脑采用了封闭式的架构,阻碍了第三方为其提供互补的产品。因此,从基本需求方面的价值来说,IBM PC 提供的价值要多于麦金塔电脑(见第四章)。结果是,麦金塔电脑在与 IBM PC 的角逐中败北。

微软公司的扩张策略不是着眼于产品功能,而是着眼于价值主张。图形用户界面是一种额外的需求,当用户的基本需求得到满足后,人们就会渴望拥有它。微软

Windows视窗系统的图形用户界面并不是全新产品，而是对麦金塔电脑图形用户界面的创造性模仿。Windows操作系统是基于DOS操作系统运行的，微软公司就培训DOS操作系统的软件开发者去开发基于Windows操作系统运行的应用程序。Windows操作系统1.0和2.0版本并不成功，因为当时的芯片性能还不足以支持图形用户界面。它们更像是用于收集用户反馈的测试版系统。于1990年发布的Windows 3.0操作系统取得了巨大的成功，因为当时英特尔推出的486处理器已强大到足以支持Windows操作系统的图形用户界面。微软公司又开发了在Windows操作系统上运行的Microsoft Office办公套件，从而提升了传递给Windows操作系统用户的额外价值。微软公司持续提升着个人电脑的价值主张，其Windows操作系统也被视为助力这一提升的支撑，而不只是一个令人振奋的新功能。

  为价值主张构筑一个强有力的支撑结构，应当成为产品开发阶段的目标。能建立强劲竞争地位的产品，必须是大众认为可传递一种价值主张的同类产品中的最佳产品。产品功能决策的制定，依据的是这些新功能是否能强化一个支撑结构、塑造一个强大的生态系统，使其中的参与者都能收获正向的净收益，且让该生态系统可以自我维持。等其生态系统中的参与者都能收获正向的收益、生态系统本身也能自我维持时，一款产品就变成了优秀的产品。

两面市场模型

等有了足够多的消费者为一种价值主张买单之后，之前持观望态度的投机型主体就想乘风破浪了。投机型主体的涌入会在该价值主张的供给侧和需求侧之间形成网络效应，这可用图6-1的两面市场模型来表示。

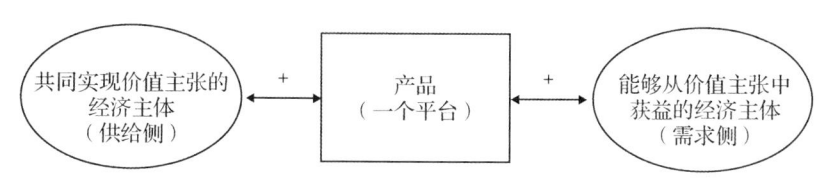

图6-1 两面市场模型

在这一模型中，产品好比一个平台，联结起两大经济主体：能够从价值主张中获益的需求侧以及共同实现价值主张的供给侧。需求侧是能够从价值主张中获益的消费者，而供给侧则是参与产品的分销、提供互补的产品或服务，助力消费者实现价值主张的经济主体。随着越来越多的消费者从一种价值主张中获益，口碑流传开来，吸引更多的消费者来享受这一价值主张所带来的益处，该价值主张的市场需求便与日俱增。这会吸引经济主体投身到供给侧，以满足这一需求。此外，需求规模的扩大会反过来吸引新型经济主体参与进来提供产品或服务，进一步提升价值主张。一个相互促进的闭环由此运转起来，形成滚雪球效应，这就是在供给侧和需求侧之间形成的网络效应。在图6-1中,加号表示这一网络效应是正向的,因为其中一侧提升,会带动另一侧提升。如果两侧的参与者都很有忠诚度,而且相互交叉的网络效应是正向的,它就会推动生态系统中的所有参与者实现正向的净增长。

这个两面市场模型强调的是供给侧的经济主体也应被视为"顾客"。市场开拓战略不应只着眼于满足需求侧,也应满足供给侧。了解需求侧和供给侧的"顾客"需求,有助于企业制定出良好的战略,提升网络效应。好的市场开拓策略应该能够协调产品路线图战略和市场战略,使得两侧的参与者都很有忠诚度,并能形成网络效应的闭环,从而形成生态系统的滚雪球效应。换句话说,当人们注意到生态系统的忠诚度降低或闭环发展迟缓时,提升产品功能和加强营销就很重要,同时企业的着眼点要放在造成问题的原因上。这些原因可能来自竞争者、技术状况或者外部事件。

例如,在Beta格式的VCR的案例中,录像租赁店更青睐VHS格式的VCR,因为VHS格式的VCR拥有两小时的可录制时长,录像租赁店更能盈利。而且,如果大部分录像租赁店都只储备VHS格式的影片,Beta格式的VCR的用户也会购买VHS格式的VCR。因此,Beta格式的VCR的生态参与者就没有忠诚度,并且支持Beta格式的VCR的网络效应闭环的运转也会放缓,因为其一

第六章　产品进阶之旅

小时的可录制时长较之竞争对手两小时的可录制时长没有优势。索尼公司没能及时地推出两小时可录制时长的录像格式，因此彻底败给了日本胜利公司。在麦金塔电脑的案例中，麦金塔电脑有着忠诚度很高的粉丝群，但是它的网络效应闭环发展迟缓，因为处理器性能跟不上，而且事实上麦金塔电脑缺乏软件应用程序的开发者。然而，其竞争对手IBM PC却拥有着众多的应用软件开发者。其结果是，较之IBM PC，麦金塔电脑迟迟未能构建起强大的生态系统，导致苹果公司面临财务危机。

拥有忠诚度的参与者能够维持住一个生态系统的规模，但是要扩大生态系统的规模，得靠网络效应。构建强大的网络效应和打造拥有忠诚度的生态系统成员两者都很重要，但是在扩大生态系统规模方面，相比之下，构建起强大的网络效应更为重要。专注于构建强大生态系统的思维观念，迥异于专注于产品功能的思维观念，胜出者是能够构建起强大生态系统的主体，但不一定是做出最佳产品的主体。

通过扩大需求侧，或者强大供给侧，就能让雪球滚起来。企业要定义能够良好反映网络效应的指标，持续跟踪这些指标，并利用这些反馈来指导产品改良或营销战略的制定。以下是若干案例。

·脸书：脸书起步于大学校园，其网站一开始只对哈佛大学的在校生开放。不到一个月，就有超过一半的哈佛本科生注册了脸书。对于大多数用户来说，社交网络的价值大部分来自他们在社交网络上的线下朋友。不管一个社交网站有多大，如果你的朋友不在这个网站上，它就不会给你带来价值。对于大学生来说，他们大部分朋友都来自同一所大学或同一所高中（这些高中时代的朋友也都升入了大学）。对于哈佛大学的本科生来说，他们高中时代的朋友，很可能升入了另一所美国顶级高校。因此，对于脸书来说，合乎逻辑的做法是从哈佛大学扩展到哥伦比亚大学、斯坦福大学、耶鲁大学以及其他常春藤大学。在高校圈里构建起牢固的据点后，脸书继续向企业和其他组织机构拓展。等脸书拥有了足够多的活跃用户后，它又邀请第三方应用程序开发者来开发应用程序，提供给脸书用户，而这又吸引更多用户注册脸书，把更多的时间花在脸书上。随着用户越来越多，脸书便通过构建营销平台、广告平台等方式，从用户身上变现。

· 苹果的 iPod：索尼公司的 Walkman 随身听是一款 20 世纪 80 年代在青少年群体中非常流行的便携式磁带播放器，它的价值主张是"把你喜爱的歌曲放在口袋里随身携带"。青少年大都喜欢流行音乐。彼时，很多广播电台每周都会排出前十名的歌曲，青少年会用磁带把前十名的歌曲录制下来，然后借助随身听每天享受那些音乐：不管是走路时、做家庭作业时还是进行其他日常活动时。因此，要实现这一价值主张，关键在于将人们喜爱的歌曲

第六章 产品进阶之旅

录制进可以随身携带的设备。iPod 面世之时，其价值主张是"把 1000 首你喜爱的歌曲放在口袋里随身携带"，这像极了随身听价值主张的扩充版。但是，要实现这一价值主张，关键在于如何将 1000 首人们喜爱的歌曲录制进可以随身携带的设备。乔布斯从音乐制作人入手，而不是用户。当时，各唱片公司正面临着来自互联网的盗版的威胁，苹果公司就提出了能够缓解唱片公司这一痛点的价值主张。苹果公司与一些唱片公司签署了协议，有权通过 iTunes 下载唱片公司的歌曲，用户在 iPod 上下载一首单曲需支付 99 美分，苹果公司再从中抽出一定比例的分成来回报唱片公司。实际上，苹果公司借助 iPod 和 iTunes，成了唱片公司的分销渠道。

苹果公司设计了一个网站，让消费者可以轻松地搜索歌名并下载到 iPod。iPod 有着友好的用户界面，供使用者搜索自己喜欢的歌名。精美的设计加上乔布斯的个人魅力，使得 iPod 在发售之初就被粉丝们冠以最酷产品的称号。有了与音乐公司的合约，有了下载便利的 iTunes，购买 iPod 的消费者马上从中发现了价值，并成为忠实的用户。它的口碑效应也非常强大。由于人们在日常生活中离不开听音乐，忠实用户的保留率也非常高。它的净有机增长率是正的，迎来了指数型增长。这一快速增长又吸引了其他音乐公司和音频内容提供商与 iPod 合作，而这一闭环又加速了这一指数型增长。

iPod 是一款 MP3 播放器，消费者认为它属于数字音乐便携式播放器的类别。第一款可以存储超过 1000 首歌曲的数字音乐便携式播放器出现于 1999 年。1999 年，索尼公司在 Walkman 的品牌下，推出了一款数字音频播放器。1999—2000 年，很多款数字音乐便携式播放器面世。这一时期，"把你喜爱的歌曲放在口袋里随身携带"的价值主张逐渐被消费者接受。iPod 面世的时间是 2001 年，当时正是其开始步入市场竞争阶段，其他所有款式的数字音乐便携式播放器都专注于产品功能上的竞争，它们的增长也是线性的，而 iPod 则更像是一个平台，促成了用户和音频内容提供商之间的网络效应的形成，构建起了一个强大的生态系统去实现其价值主张。

• 亚马逊公司：自 1994 年经营线上售书开始，亚马逊公司就在倡导在线零售的愿景。当时是互联网时代的开端，亚马逊公司是最早涉足 B2C 电子商务的先行者之一，它的价值主张逐渐获得了市场的认可。1997 年，正值互联网泡沫时期，亚马逊公司上市了，尽管公司仍在亏损。由于预见到了未来的增长，亚马逊开始借助 IPO 融资搭建云计算和配送中心。1998 年，亚马逊公司扩充了自己的产品供应品类：音乐、视频、视频游戏、消费电子产品、家居装修用品、软件、游戏、玩具，等等。随着产品线的丰富，亚马逊公司吸引了更多的线上消费者。亚马逊公司搭建了自己的网站，方便消费者在线下单、提升人们的在线下单体验。在幕后，亚马逊公司开始搭建云计算平台以支撑其在线零售业务的扩大，又未雨绸缪地搭建了配送中心，促进产品供应品类和在线消费者之间的网络效应闭环的形成。但这一切也让亚马逊公司承受了高额的固定成本，使其无法盈利。除了B2C业务，亚马逊公司又开始向公众开放平台，用户可以在上面售卖任何产品。平台收取少许服务费，向用户提供客户服务、借助亚马逊公司与美国联合包裹运送服务公司（UPS）的关系提供快递折扣以及提供亚马逊支付服务。此举提升了产品供应的多样化，包括长尾产品，这又吸引来了更多的消费者，消费者的平均购买量也随之提高。亚马逊公司又启动了第三方卖家联盟计划，允许任何人通过转发亚马逊的网站链接，按点击量赚取佣金。此举不仅强化了产品销售和买家消费之间的网络效应，还不会产生固定成本。通过上述举措，亚马逊公司从2001年开始实现盈利。

·网飞公司：1997年，里德·哈斯廷斯（Reed Hastings）和马克·伦道夫（Marc Randolph）创立了网飞公司。哈斯廷斯具备计算机科学背景，并拥有斯坦福大学的计算机科学硕士学位。1991年，他创立了Pure Software公司，后来该公司与Atria公司合并为Pure Atria公司。1997年，Pure Atria公司被Rational Software公司收购。在成为Pure Altria公司的营销副总裁之前，伦道夫曾创立过电脑邮购公司，也曾在Borland International公司从事过直接营销业务。他们受亚马逊公司的电子商务启发，想出了线上家庭录像租赁业务。当时，家庭录像租赁市场被百视达（Blockbuster）和好莱坞电影两家公司主导。两者拥有规模庞大的录像租赁连锁店，覆盖了大部分美国城镇。这些连锁店租赁大量VHS录像带格式的影片，到了1997年，它们开始租赁DVD光盘格式的影片。它们的业务模式是按租借的影片数和天数收取租金，逾期归还要缴纳罚款。

虽然当时大部分影片都是以VHS录像带格式存储的，但哈斯廷斯和伦道夫决定不租赁VHS格式的VCR，因为它太昂贵，不利于储备；又太脆弱，不利于运输。他们邮寄DVD光盘到哈斯廷斯的家里，以此测试DVD邮件租赁的理念。完好无损地收到光盘后，他们决定创立网飞公司，开展世界上第一家在线DVD租赁业务，囊括925部影片——这几乎是当时DVD影片的总数。这一DVD邮件租赁业务采用按租借的影片数量来给付租金的模式，用户在网飞的网站上浏览和预订想看的影片，然后下单，网飞把影片邮寄给租借人。租借人看完DVD之后，只需寄回即可。每部影片的租金是4美元，另加收2美元邮费。租来的影片，用户想保留多久都可以，但是要归还已租的影片，才能租借新影片。1998年，网飞公司推出了第一个DVD租赁及销售网站Netflix.com。本质上，网飞传递的价值主张与百视达和其他租赁店是一样的。不同点在于，

第六章 产品进阶之旅

它让人们足不出户就可以方便地挑选影片，逾期归还也无须担心被罚款。然而，这要求消费者拥有DVD播放机。

当时，大部分家庭都拥有支持VHS格式的VCR，并且大部分影片都是用VHS格式的录像带储存。1997年，美国刚引入DVD；1998年，只有极少数家庭拥有DVD播放机。同时，以VHS格式存储的影片数量也远比DVD多。大部分消费者早已习惯跑到大型录像租赁店租借影片，全家周末一起光顾大型录像租赁店也成了人们的家庭保留节目。因此，当时百视达和好莱坞电影公司并不认为网飞会是威胁，因为它们相信网飞只能吸引极少的消费者群体。那些会被网飞吸引的用户是拥有DVD播放机的人、住处附近没有录像租赁店的人、经常忘记及时归还影片或者没有时间归还的人以及精通技术的人。网飞发觉自己难以打入市场，于是在1998年转向了订阅模式：用户只需交付低廉的固定费用，便可无限制地租借影片，没有到期日、逾期费、运费和手续费，也不用按租借的影片数交租金。为了促销，网飞还推出了免费试用，以此来吸引和留住顾客。然而，网飞的增长还是很受限，因为DVD播放机的用户基数太小了。2000年，网飞拥有30万的订阅者，但当年它还是亏损了5700万美元。于是，网飞找到百视达，提出让后者以5000万美元收购自己。百视达拒绝了，因为它认为网飞属于缝隙企业，这个价格太高了。

DVD格式影片的画质比VHS格式影片的画质要好得

多，但这一差别在常规的显像管曲面电视机上几乎看不出来。2000年以后，有着更大的屏幕、更高的显示分辨率以及更佳的观看体验的平板电视机开始盖过显像管曲面电视机的风头，更受大众的青睐。拥有平板电视机的家庭更倾向于购买DVD播放机，因为观看DVD影片能让一家人收获更好的观影体验。而那些已经拥有DVD播放机的家庭，同样更倾向于将自己的显像管曲面电视机换成平板电视机。2000年初，平板电视机的崛起引发了一次正反馈交互，让平板电视机和DVD播放机同时迎来了指数型增长。这一交互也助力网飞迎来了订阅用户数的指数型增长。2003年，网飞的订阅用户数达到了100万；2004年达到了200万；2005年达到了400万。

2002年上市时，网飞只有60万订阅用户；2003年，网飞开始实现盈利；2007年，网飞推出了流媒体服务，用户可以在电脑上即时观看电视节目和电影；2008年，网飞与消费电子产品公司进行合作，让Xbox 360、蓝光影碟机和电视机顶盒也能播放自己的流媒体。截至2008年底，网飞已拥有920万订阅用户。借助与更多的消费电子产品公司合作，容许PS3、网络电视和设备播放自己的流媒体，网飞的订阅用户数在2009年底扩大到了1200万。

iPod和网飞推广的都是市场早已接受的价值主张。它们都没有经历价值主张风险阶段，而是直接进入了市场竞争阶段。在iPod的案例中，市场上有很多同类产品，

第六章 产品进阶之旅

但没有一个能主导市场。在网飞的案例中，网飞面临着与大型录像租赁店的激烈竞争，面对的挑战是如何生存下去，并找出新方法赢得消费者。既有参与者的思维是专注于产品功能，而苹果公司和网飞的思维是着眼于价值主张。它们的着眼点不是产品功能，而是在两面市场的需求侧和供给侧之间构筑网络效应的闭环。通过扮演音乐分销商，iPod从供给侧开始构筑这个闭环，网飞则通过打造忠实的订阅用户群，从需求侧入手构筑这个闭环。两者又进一步构建基础设施来促进网络效应的闭环。一个有趣的现象是，索尼公司是Walkman随身听的发明者，也是诸多唱片公司的拥有者，却没能开发出互联网时代的随身听，反倒是苹果公司开发的iPod成了互联网时代的随身听。

脸书和亚马逊公司则分别提出了全新的价值主张。在消除了价值主张风险后，它们通过采取价值主张思维而非产品功能思维进行扩张。亚马逊在云计算领域和配送中心布局投资，从而支撑其实现指数型增长。在找到新方法从客户身上变现之前，两者都专注于自身的成长，同时积累客户。脸书从需求侧着手构筑自己的闭环，先是哈佛大学本科生，然后扩展到其他高校，再到公司；亚马逊公司则从供给侧入手构筑自己的闭环，先是图书，然后扩展到音乐和视频，再到其他五花八门的品类。

对网络效应的管理

　　管理网络效应包括：发掘在传递价值主张的过程中能够起重要作用的合适经济主体；评估两面市场中一侧对另一侧的影响；提供结构以促成两侧之间的网络效应闭环；平衡两侧以实现增长和盈利。在每一个特定的行业和商业环境中，这个过程都是独一无二的。因此，在各种产品和服务行业中通用的关键绩效指标是不存在的。我们要针对一个行业定义其关键绩效指标，从而帮助产品经理管理需求侧和供给侧之间的网络效应。

　　两面市场中的动态循环问题好比"先有鸡还是先有蛋"的问题。我们要先从构筑供给侧或者需求侧入手，来解决这一问题。为了有更多的机会解决"先有鸡还是先有蛋"的问题，我们需要将有限的资源集中于一个狭隘的入门细分市场里，要么在供给侧、要么在需求侧打牢基础，从而启动动态循环。在两侧之一找到一个合适的入门细分市场，对于提高成功的概率是非常关键的。苹果公司发现了唱片公司这个合适的切入点，因为这类公司的痛点正是 iPod 能够帮助解决的；脸书发现了哈佛大学在校生这个合适的切入点，因为扎克伯格自己就是哈佛大学的学生，很理解同学的需求；网飞公司决定让消费者看 DVD 电影，因为这易于操作，并且在邮件递送的过程中更少出问题；亚马逊公司决定从线上售书业务入手，因为人们买的是书的内容，而不是它的触感。要注意，iPod和亚马逊是从供给侧切入，而网飞和脸书是从需求侧切入。同样重要的是，只有在入门细分市场里打好基础，才能有效地启动动态循环。在网飞的案例中，入门细分市场非常小。为了打牢根基，网飞需要先积累一个规模小但忠诚度高的客户群，以此为杠杆。从按租借的影片数量收取租金转变到收取订阅费的定价结构，有助于网飞积累一个规模小但忠诚度高的客户群。

网飞的初期发展极度依赖于DVD播放机市场的崛起。我们可将后者视为一个来自需求侧的驱动因素，但这一驱动因素是外在的，网飞对它没有丝毫影响。这种外在的驱动因素得益于高分辨率大型平板电视机和DVD播放机技术的进步。网飞很好地利用了这一外在驱动因素，为自己打造了强大的供给侧。为了利用这一驱动因素，网飞又进一步在流媒体技术上进行投资。随着互联网的崛起，网飞得以打造出一个两面市场，其中供给侧是消费电子产品，需求侧是电影观影者。

在构建网络效应的过程中，很有用的一点是，建立一个指标来衡量你是否在两面市场的每一侧中都找到了合适的目标群体。对于需求侧来说，这个指标就是用户参与度。在很多情况下，衡量用户参与度的依据是用户消费的金额、光临的次数、参与的过往，等等。在供给侧，合适的目标群体就是那些能够提升需求侧的参与度或推动新用户增长的群体。企业要针对两侧的合适群体找出其特征，然后着重去物色具有相似特征的参与者。

亚马逊从图书销售起步，以此打造一个客户群。用户平均每个月的消费金额是衡量用户参与度的一个指标。等亚马逊新增了音乐和视频这些新品类并以一定的价格销售时，它可以计算出每一个消费者的参与度提升了多少。如果当前用户的平均参与度有所提升，新用户也增加了，就说明这些新产品在需求侧产生了正向的网络效应，再结合具体的产品成本结构，我们就能计算出这些新产品所创造的净利润。若净利润为正数，亚马逊就可以增加品类相似的新产品，从而进一步提升用户的参与度和吸引新用户。即便净利润为负数，亚马逊也可以通过增加新产品来提升用户量，让自己拥有谈判的资本，同时降低产品进货成本。因此，用户平均参与度的提升度和新用户的增长量是衡量从供给侧到需求侧的网络效应的好指标。要衡量从需求侧到供给侧的网络效应，依据的是依托庞大的用户量、与供应商谈判达成有利成本价的能力。净利润则是衡量盈利能力的好指标，它会受到两侧价格结构的影响。通过调节两侧价格结构，我们可以找到一个恰当的平衡点，去平衡两面市场生态系统的发展和净利润的增长。两侧的动态定价，对于推动两面市场生态系统的发展是很重要的。

处于两面市场平台中任何一侧的经济主体，可以选择置身于市场平台之外、只参与一个市场平台或同时参与多个市场平台。只参与一个市场平台被称为单归属，同时参与多个市场平台则被称为多归属。经济主体如何在这三个选项之间抉择，取决于它们从每一个选项中能够预判的成本和利润。例如，人们可以选择在亚马逊或易趣网上购物，因此买家在电子商务领域是多归属的；大部分人通常只购买 Windows 电脑或苹果电脑中的一种，虽然有的人会两者兼而有之，因此买家在个人电脑领域更接近于单归属；软件开发者在个人电脑和手机领域更接近于多归属，因为大部分开发者会为多种操作系统开发软件应用程序。我们可以用数学方法证明，如果有任何一侧接近于单归属，那么主导市场的将是单独一个平台，能够构建起强大生态系统的先发者将成为赢家，而后来者将难以生存。如果两侧都是多归属的，那么市场将被多个平台共享，后来者也能够构建起强大的生态系统参与竞争。了解经济主体的归属性质，对于两侧的定价策略格外重要。假如某一侧非常接近于单归属，那么尽快占有市场份额就至关重要。因此，两侧的早期定价策略应该更多地向扩大生态系统规模倾斜。确保有足够的风投融资来支撑早期发展也十分重要，等占有主导性的市场份额后，我们再考虑变现。假如两侧都是多归属的，那么就不必急着占有市场份额，我们应根据公司是否拥有风投支持，在发展和盈利之间找到适当的平衡点。

对规模扩张和变现的管理

在微信刚面世的时候，市场上有很多同类语音聊天软件，如米聊、陌陌和Talkbox等。最后微信胜出，因为它能够借助腾讯公司内部的云技术基础设施扩大规模。所有其他同类产品，比如米聊，在活跃用户数达到100万后，系统就崩溃了。因此，拥有能够匹配市场的产品很重要，但是，若要保证强大的竞争地位，满足市场需求暴增的能力更为重要。在着眼点还是消除价值主张风险的早期阶段，拥有匹配市场的产品就是一个关键指标。但是到了着眼点变成消除竞争风险的市场扩张阶段，扩大市场规模的能力才是关键指标。

产品的价值主张是否可以高成本效益地传播到大众市场？产品的生产是否快到可以跟得上激增的市场需求？产品是否可以及时地、高成本效益地交付给大众市场？这些都是在消除规模扩张风险的过程中要解决的重要问题。

在更早的、从0到1的产品创新阶段，在发掘能够良好匹配早期细分市场的产品时，产品团队需要灵活应变。产品团队需借助个人关系和口头宣传去传播产品的价值主张，并利用既有的分销渠道去交付产品。同时，由于产品还没有明确的定位，因此需要采取一切可能的办法找出能够适应市场的早期产品。在早期阶段，扩大产品的规模并没有那么重要，因为还没有足够的消费者为产品的价值主张买单。在这一阶段，重点在于找到市场适应良好的产品。

如果是软件产品，产品团队需要编写能够加快特定功能实现的交付代码，从而对客户的需求做出回应。然而，此时的代码也许会很刻板，后续产品团队需要对它进行修改，以支持其在主流市场的扩张。在软件开发行业，这叫作技术债务，而修改代码结构以支持市场扩张的过程叫作重构。如果是硬件产品，产品团队则需要小规模地生产产品，测试其市场接受度，然后改良产品，以获得更佳的市场适配度。在扩张阶段，产品团队需要重新设计产品，让产品具备规模扩张潜力，并能够高成本效益地生产和向大众主流市场交付。这一类的决策包括：公司是否要打造自己的、拥有足够产能的生产线，把生产线建在哪里；是否要将生产外包给其他地区的代工厂（OEM）；是否要许可其他生产商来生产产品；等等。不管是软件产品还是硬件产品，产品团队都需要从被动改良产品以回应缝隙市场的消费者反馈，转为积极主动地去实施产品的路线图、推动接下来的产品改良、实现已为大众市场所接受的价值主张。产品的路线图应能让产品具备规模扩张潜力，能够增强生态系统中需求侧和供给侧之间的网络效应。与两面市场中的供给侧和需求侧交流这一计划，可让两侧能够预测网络效应，并采取相应的举措去激发指数型增长。

  要为由网络效应引发的指数型增长做好准备，提前布局进行能力建设以支持这一增长是十分重要的。公司可以筹资，在内部进行能力建设，也可以通过与第三方签约来实现这一点。通常，公司需要利用外部基础设施去支持其指数型增长。因此，时机对于消除规模扩张过程中的风险很重要。脸书筹资打造了服务器容量；苹果公司与中国的代工厂签约生产 iPod；亚马逊公司通过 IPO 融资布局搭建了云计算和配送中心，随后又对所有开放平台进行产品销售，而人们的产品无须经过亚马逊的配送中心，由此，亚马逊公司利用小商家的仓库进一步扩大了自身的增长规模；网飞公司通过上市筹资支持其快递服务，并对流媒体技术进行投资、利用互联网基础设施去进一步扩大其增长规模。亚马逊公司和网飞公司的指数型增长都利用了互联网的发展，网飞公司的成功同样有赖于高分辨率大型平板电视机的崛起。当支持 VHS 格式的 VCR 开始步入指数型增长阶段后，日本胜利公司便许可全世界的消费电子产品生产商贴牌生产支持 VHS 格式的 VCR。当戴尔公司带着按单生产的业务模式进军个人电脑市场时，其规模扩张十分受限，因为它获取新客户的成本比其他个人电脑生产商高出太多，而后者有着更为高效的分销渠道。由于缺乏规模，它的生产成本也居高不下。更高的生产成本和客户获取成本无法由销售渠道省下来的钱来弥补。随着互联网的普及，戴尔公司利用互联网在线销售大幅降低了售卖成本，迅速扩大了销售规模。

让产品具备规模扩张潜力以及未雨绸缪地进行能力建设以支持增长，都属于产品经理对增长进行管理的掌控范

第六章　产品进阶之旅

围。实际的增长可能会取决于外部基础设施或者外部事件。比如，脸书、亚马逊和戴尔公司的规模扩张取决于互联网的普及，网飞的规模扩张取决于高分辨率大型平板电视机和互联网的发展。假如互联网未曾被众多用户接受并成为一个具备规模扩张潜力的通信基础设施，脸书、亚马逊和网飞等公司也许就不会存在。戴尔公司成立的时间早于互联网的普及，它打造出了拥有规模扩张潜力的产品，也有了生产能力，但直到互联网普及之后，它才真正实现了规模扩张。网飞的业务有赖于互联网的发展，但直到高分辨率大型平板电视机和DVD播放机被主流消费者接受之后，它才真正实现了规模扩张。要消除规模扩张过程中的风险，不仅要靠产品团队的决策，也要靠合适的时机。因此，具备一定的能力去评估相关行业的发展趋势，并在规模扩张的过程中考虑这些趋势，就变得极为重要。

最后也是最重要的一个问题，就是从生态系统的参与者身上变现。生态系统发展过程中的动态定价被用来平衡增长和盈利，当规模扩张到了一定的程度后，净利润很可能就会变为正数。但是，在竞争激烈的市场中，比如拼车市场，其生态系统可能一直在发展，但公司在经营上却还是亏损状态。变现的一个途径是，找出一种与产品无关但与消费者有关的事物，从中创收。在iPod的案例中，变现事物是歌曲销售额的分成；在脸书的案例中，变现事物则是广告。终身价值不仅包括产品销售额，也包括由消费者的参与度产生的净利润。在 iPod 的案例中，它包括 iPod 销售产生的利润及歌曲销售产生的收入；在脸书的案例中，它来自用户的访问量；在网飞的案例中，它来自忠实客户的月订阅费；在亚马逊的案例中，它来自每个忠实客户平均每月的购物交易额。

从 0 到 1：发掘产品新理念，并将之转化为优秀的产品

我对发掘产品新理念并将之转化为优秀的产品的过程做一下总结，从而给本章画上句号。我一直反复强调一点：产品只是传递价值主张的手段。因此，要找出一个好的产品理念，更好的办法是先找出一个能为社会创造价值的新价值主张，即便它对社会的价值不变，实现这一价值主张的方式也因基础设施状况、技术水平和当地环境等而异。因此，要找到新的价值主张创意，我们可以将旧有的革新、探索人的心理，也可基于早已被人们接受的价值主张变出新的花样。相信一种新的价值主张将会被人们接受，是一种信心上的飞跃。在验证新的价值主张有人买单之前，它只是一种猜想。我们需要一个过程，从而用事实来验证这一猜想。这一步是通过设计思维过程来完成的。这是一个与潜在用户的互动过程，借以理解他们的需求、质疑假设、验证猜想、重新定义价值主张以及找出实现价值主张的解决方案。

第六章　产品进阶之旅

将一个有潜力的方案转化为产品的过程，要面临四个等级的风险：市场进入风险、价值主张风险、市场竞争风险以及扩张风险。每消除一个等级的风险，都需要经历"发现－实施"迭代过程。精益创业的方法，就是在公司面临新的等级的风险时完成这一过程。这是一种整体性方法，它综合了对新产品和市场适配度的发现、商业计划的制订、分阶段融资、上市策略、市场扩张和开创新的业务。

最小可行产品可以用最小的投入最大限度地搜集目标消费者经过验证的认知。经过验证的认知表现为，确定目标消费者能否从价值主张中获取应有的价值。如果不能，那就要更多地了解目标消费者的偏好。产品团队应迭代最小可行产品的验证周期，在每一个周期中整合消费者的反馈，从而开发出能够在目标细分市场中以一定价格让少数消费者买单的产品。这将会是具有市场潜力的产品。达成这一步后，第一级的风险就消除了，产品团队也由此做好了进入市场的准备。

要将价值主张愿景变为现实，需要克服两大障碍：第一大障碍是，由于这是全新的价值主张，能够让产品传递出这一价值主张的必要基础设施、与之互补的产品或服务也许还是缺失或者不完善的，例如缺乏充电设施的电动汽车；第二大障碍是，由于新的愿景只是一种理想，在经受现实检验之前，实用主义的消费者和经济主体不会买单，所以此时人们会面临"先有鸡还是先有蛋"的问题。

消费者和经济主体可分为两类：第一类是具有前瞻性的、感性的，愿意在看到实际的效益之前尝试新事物，被称为忠实的主体；第二类是实用主义的、理性的，只有在看到有人实际获益后才会去尝试新事物，被称为投机的主体。在起步之初，产品团队可以瞄准一个目标细分市场、着眼于第一类主体。目标细分市场的组成人员，类似于在最小可行产品迭代周期中愿意买单的少数消费者。早期的市场营销，应致力于制造兴奋感，吸引那些感性的忠实主体，向他们展示新的价值主张将如何使他们受益。有的人会被兴奋感俘获，变成忠实的主体。他们希望价值主张被广大消费者接受，因此他们会参与助力改良产品、提升产品与市场的适配度。他们从产品中收获价值，由此而来的口碑效应会帮助吸引志趣相投的消费者和经济主体为价值主张买单。这是一个由早期忠实主体发起的扩张过程，可吸引更多的消费者为价值主张买单，从而消除第二级风险。在这一阶段，进入市场推广相同价值主张的竞争者会助力消除价值主张风险，因此，他们是推进同一事业的"合作伙伴"。这一时期，企业的经营目标是提升产品与市场的适配度，在目标细分市场里打造生态系统忠诚度。企业可利用产品关键绩效指标作为反馈数据来支持决策的制定，从而提升产品与市场的适配度，消除价值主张风险。

当价值主张风险被消除后，原先的"合作伙伴"就会变成竞争对手，也会有新的竞争者涌入市场。这些新的竞争者有的是成熟的企业，它们相信新的价值主张会取代自己现有的业务。它们可能会推出一个相似但更强大的、对它们自己有利的价值主张。由于这些外部因素，一个新的市场结构出现了，一道鸿沟也横在了产品团队的思维观念里。要顺利跨越这道鸿沟，产品团队需经历一个"发现－实施"迭代过程，从而改进价值主张、为改进后的价值主张发掘新的生态系统参与者以及构建起强大的生态系统去支撑价值主张，而非着眼于开发更好的产品功能。对此，具有代表性的商业模型便是两面市场模型，其中的供给侧和需求侧之间存在着彼此交叉的网络效应。产品团队可针对具体业务定义出衡量网络效应的指标，利用这些指标的反馈去管理需求侧和供给侧之间的网络效应，从而构建起强大的生态系统。对网络效应的正确管理，可激发指数型增长并消除市场竞争风险。为了实现指数型增长，产品经理需对规模扩张能力进行管理，从而消除规模扩张风险。最后，产品经理需强调从生态系统参与者身上变现，好让产品可以自我维持，并变成优秀的产品。

讨论问题：

1. 你能否找出有哪些不同的生态系统在支撑着智能手机的价值主张？你能否具体指出每一个生态系统中的参与者？

2. 当你消除了价值主张风险并步入市场竞争风险的阶段后，哪些外部环境的变化是你可以预见到的？请以若干你熟悉的事例说明。

3. 你能否举一个例子，说明一款产品在早期阶段取得了巨大的成功，但步入扩张阶段后却错失良机？你能否解释其中的原因？

4. 价值主张之间的竞争和产品之间的竞争有何区别？你能否给出本章之外的例子？这会对你的扩张策略和决策产生何种影响？

5. 以一款你喜爱的产品来思考。从两面市场模型的框架来看，哪些是供给侧的主体？哪些是需求侧的主体？你会如何制定扩张策略？

6. 请举一些例子，说明产品不管是在供给侧还是需求侧，都更倾向于单归属性质。请举一些例子，说明产品在两侧都属于多归属。什么时候会出现赢家通吃的局面？

7. 网飞公司的发展极度依赖于DVD播放机市场的发展，它面临的是何种风险？这种风险是可控的还是不可控？网飞公司该如何降低这一风险？

第七章

从 1 到 N 的产品扩张

汽车提供的价值主张是"为人们提供出行便利的无马马车",而要让汽车实现这一价值主张的传递,须先建设道路基础设施。市场上先出现的是蒸汽汽车,然后是电动汽车,接着才是汽油车。最后,汽油车主导了市场。这并不是因为汽油车比电动汽车或者蒸汽汽车更优秀,而是因为一个强有力的支撑结构被建立起来,支撑汽油车传递这一价值主张,获取最大效益。到了1920年,人们所说的汽车就是汽油车了。汽油车成了能够传递"为人们提供出行便利的无马马车"这一价值主张的代表性产品。"产品"这个术语指的是有形的、我们能摸得着和体验到的事物,而"价值主张"这个术语是无形的、只存在于我们的意识里。随着支撑结构日益为人们所熟知,人们会渐渐地用手段取代目的,而进一步改良产品,就相当于提升其价值主张。在从0到1的产品创新阶段,生态系统在实现价值主张中发挥着更为重要的作用,而不是产品本身。因此,在从0到1的产品创新阶段,竞争在于构建一个更为强大的生态系统去支撑价值主张。在从1到N的产品扩张阶段,人们对成熟的支撑结构已经习以为常,此时产品类别在传递价值主张上就开始发挥关键作用。因此,在从1到N

的产品扩张阶段，竞争在于同一产品类别下的产品之间。

在推广"为人们提供出行便利的无马马车"这一价值主张的过程中，汽车生产商发挥着核心作用，但是也有众多经济主体提供支撑结构，以支撑这一价值主张。所有那些起支撑作用的、为汽油车提供强有力的支撑结构的产品和服务，最后都会变成新的产品类别或服务类别。除了汽油车，将变成新产品类别的还有加油站、汽车经销商、汽修厂、快餐连锁店，等等。在个人电脑领域从 0 到 1 的产品创新阶段，涌现出的新产品类别包括个人电脑、操作系统、中央处理器、办公应用软件、个人电脑外围设备、打印机，等等。有趣的是，在这些新涌现的产品类别中，有的只有一个参与者独霸市场，有的则是多个旗鼓相当的参与者共享市场。从个人电脑领域来说，在个人电脑及其外围设备方面，有众多参与者共享市场；而在操作系统和中央处理器方面，只有一个参与者能够主导市场。对于这两种产品类别，从 1 到 N 的产品扩张策略会大相径庭。

产品类别与产品属性

根据定义，产品类别是指一种获得人们认可的、能够作为手段去传递一种特定价值主张的产品种类。杯子是一个产品类别，我们认可它是一种开口的、通常是碗状的饮用器皿，它所传递的价值主张是解渴。个人电脑是一个产品类别，我们认可它是一种多功能的，其尺寸、性能和价格更适合于个人用途的计算机，它所传递的价值主张是"协助人们处理和管理个人信息"。汽车是一个产品类别，我们认可它是一种四轮的、有引擎驱动的交通工具，它所传递的价值主张是"为人们提供出行便利的无马马车"。产品类别有一个层级结构，在层级结构上，计算机这一产品类别的层级比个人电脑这一产品类别的层级高，因为个人电脑有着计算机的功能，但传递的是不同的价值主张。个人电脑、服务器和大型主机都是计算机之下的产品类别，这些产品类别分别传递着不同的价值主张。汽油车和电动汽车不能被视为"汽车"这一产品类别之下的分类，但可以被视作同为汽车类别的不同款式，因为两者传递的是同一种价值主张，而轿车、卡车和运动型多用途汽车则都是汽车这一类别下的分类。当两个产品类别传递同一种价值主张时，一个产品类别有可能取代另一个，从而成为传递这一价值主张的标杆。回顾汽车行业的历史，汽油车这一类别在1920年前后成为汽车类别的行业标杆。如今，电动汽车再度回归，成了一个可行的、具有竞争力的产品类别。

　　人们买的是价值主张，而不是产品。因此，人们在一个产品类别中找寻的是能够满足自己需求的产品。产品功能和产品属性是两个不同的概念。**产品功能**是指某一种特定功能，它能为用户提供相应的一种效益或一系列效益，用户通过使用获得效益。因此，产品功能是产品的组成部分，代表的是我们使用产品能够获得何种效益。**产品属性**是指能够定义某一特定产品、定义该产品如何影响人们的购买决策的特征，它可以是有形的，也可以是无形的；可以是产品的组成部分，也可以不是；可以是描述性的，也可以是一组具体的数字。要举一个例子说明"产品属性可以不是产品的组成部分"，那就是积极踊跃的生态系统参与者的数量。因此，产品属性可以包括产品功能。产品属性的层级结构是以产品将如何影响人们有关产品参与度的决策为基础来划分的，如是否要购买该产品、是否要经营与该产品相关的业务，等等。某一类别下的产品属性的树状结构如图 7-1 所示。

● 会影响人们有关产品参与度决策的产品属性

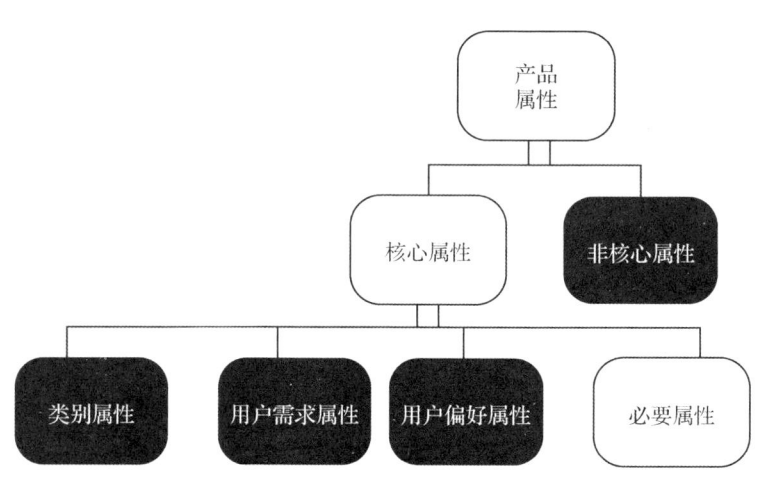

图 7-1　产品属性的树状结构

首先，产品属性被分成核心属性和非核心属性两大类。核心属性是该类别下的所有产品必须具备的属性；非核心属性是该类别下的所有产品不一定具备的属性。例如，对于汽车来说，天窗就是非核心属性。核心属性又进一步被分成类别属性、用户需求属性、用户偏好属性和必要属性。

• **类别属性**。类别属性反映的是产品有多大效力去传递其类别之下的价值主张。例如，Windows 属于操作系统的类别，它传递价值主张的效力体现在它能运行何种类型的软件应用程序、使用它的积极用户数、它抵御黑客攻击的能力以及它管理硬件或软件资源的效率。这些属性就是它的类别属性。对于个人电脑而言，它的类别属性就是它的操作系统、中央处理器以及积极的生态系统参与者（用户、软件开发者、外围设备生产商、分销商，等等）。要注意，产品生态系统也是一种类别属性。

• **用户需求属性**。用户需求属性反映的是产品如何与用户需求和属性保持一致。例如，产品有多用户友好、有多便携、品质如何、设计美感如何，等等。依据用户如何使用产品去体验其价值主张，某些用户需求属性会促成价值主张的实现。如果你的需求是随身携带个人电脑以便进行日常的信息管理活动，那么你就需要便携式电脑。你可能需要可靠性高的、至少是防水的或者性能更优异的电脑。在工地手机的案例中，其用户需求属性是超响的来电铃声、震感强烈的手机振动和较大的扬声器音量。依据产品类别所支撑的价值主张，一种属性既可以看作类别属性，也可以看作用户需求属性。例如，如果把 VCR 看作支撑"时间转移"的产品类别，那么可录制时长就可以被看作用户需求属性；如果把 VCR 看作支撑"把电影带回家"的产品类别，那么可录制时长就可以看作类别属性。

• **用户偏好属性**。用户偏好属性反映的是用户对产品外观、触感、味道甚至气味等的偏好。颜色是一种典型的用户偏好属性，年轻人喜欢颜色鲜亮的汽车，而成熟的商务人士则更喜欢黑色或深棕色的汽车。对于某些产品，表面纹理就是一种用户偏好属性，有的人喜欢粗糙的表面，有的人则更喜欢光滑的表面；有的人喜欢亮光的表面，有的人则更喜欢亚光的表面。对于食物产品来说，口味和口感都属于用户偏好属性，有的人喜欢热的、甜的或者酸的食物，有的人喜欢软的、脆的或者糊状的食物。对于香水产品而言，气味就是一种用户偏好属性，有的人喜欢花香型，有的人喜欢果香型，还有人喜欢木质香型。

• **必要属性**。必要属性是指人们认为该类别下的产品理所应当具备的属性，这些属性不会影响人们的购买决策，因为该类别下的所有产品都具有这些属性。例如，所有个人电脑都配有键盘。人们会理所当然地认为，所有个人电脑都应该有键盘，因此在他们的购买决策里，键盘并不会起什么作用。从买家的角度来看，必要属性无关紧要，但是从卖家的角度来看，它们并非无足轻重。

对于构成产品本身的属性来说，属性配置就是公司所规定的属性的具体表征。产品配置就是公司所规定的产品属性的具体表征，有的表征是描述性的，例如一款汽车是红色的；有的表征是一组数字，例如一个纸板盒的尺寸是12英寸×12英寸×6英寸，或者一部iPhone的屏幕尺寸是5.5英寸。对于一个具体的产品类别，不同的产品配置会吸引不同的人群。例如，年轻人青睐更快的汽车，而老年人则偏好更安全的汽车。

在从1到N的产品扩张阶段，产品经理要面临两个重要的决策：一是产品款式的决策——产品要有什么样的配置、要进行多少配置；二是产品生命周期的决策——何时推出下一代的产品。了解不同的人（买家、生产商以及潜在合作伙伴）会如何看待产品属性，这在从1到N的产品扩张决策中至关重要。

从不同的角度看产品属性

从买家的角度来看，他们会为某个产品类别买单的主要原因是他们想享受该产品类别所传递的价值主张。因此，他们首先考虑的是类别属性。对于大部分人来说，生态系统属性是他们会给予更多关注的属性：有多少人在使用产品、有多少经济主体在支撑产品。这些属性会间接地反映出其他人从价值主张中收获效益的情况。因此，在从0到

1的竞争中脱颖而出的产品会更有吸引力。更为老练的买家可能会考虑其他能够直接反映产品传递价值主张的效力的类别属性。在考虑了类别属性之后，下一组要考虑的就是用户需求属性。买家会考虑自己在日常生活中将如何使用产品，由此确定一些用户需求属性的重要性。此后，买家要考虑的是非核心属性。非核心属性可以包装进产品里，也可以作为备选项提供。有的时候，买家只是希望通过非核心属性让自己购买的产品与一般的产品区别开；有的时候，产品会提供备选项，是因为该备选项能够传递特殊的额外价值。由于这些属性会影响买家对产品使用价值的看法，它们也就决定了买家愿意为产品支付的价格。

买家最后要考虑的是用户偏好属性。好比选购汽车，等你挑选完车型和所有备选项之后，你才会挑选车身颜色。你会为了特定的车型及其备选项讨价还价，但你不会为了车身颜色讨价还价。不管是什么颜色，价格都是一样的。假如你喜欢的颜色缺货，你也可能会选择其他颜色。用户偏好属性不会影响产品的使用价值，它只与用户的个人好恶有关。大多数情况下，买家不会愿意为这类属性额外付钱。在这些属性上，买家既可以是固执的，也可以是变通的。例如，一个买家可能会非红色的汽车不买，或者会更青睐红色的汽车，但如果红色的汽车缺货，他也可以考虑其他颜色的汽车。前者是固执的，后者则是变通的。

从生产商的角度来看，产品的竞争力主要来自其类别属性。如果产品能够在从 0 到 1 的创新阶段的竞争中胜出，那么它在从 1 到 N 的扩张阶段就会具备初步的竞争优势，而对于属性提升的投入则直接反映出产品传递价值主张的效力是最关键的驱动因素。

用户需求属性的作用是吸引不同细分市场的用户，这类细分市场的用户将通过不同的使用方式来收获价值主张。企业可通过这些属性来量身打造符合消费者需求和体验的产品。通过提供有着诸多用户需求配置的产品款式，企业可以吸引到众多不同细分市场的消费者，还有可能卖出更高的价格，因为在产品与市场的适配度变得更高的同时，其成本也可能会水涨船高。在寡头垄断的情形下，各个主要参与者在产品的类别属性上都不相伯仲，这时候，企业就要从用户需求属性入手，缔造差异化。

用户偏好属性的作用是吸引喜好不同的用户。大部分消费者都不愿意为用户偏好属性买单，因此，有着大量配置选择的产品也许可以吸引到更多喜好不一的消费者，但也会抬高成本。

必要属性可视为"必要之恶"。我们离不开它们，但谁也不愿意为之买单。因此，企业要尽可能以最低的成本提供这类属性。

把非核心属性包装进成本里，也许能吸引到更多的消费者，也许不能，但肯定会抬高成本。很多时候，这一途径可用来提高消费者的身份象征。例如，天窗是很多豪车的标配，华为将最出色的可变焦距摄像头包装进了其智能手机里。这类非核心属性不仅能抬高产品本身的档次，也给企业带来了卖出更高价格的可能。非核心属性还可以是缔造差异化的源泉，作为备选项，让用户额外付钱获取。

从潜在合作伙伴的角度来看，他们首要关心的是产品能否给他们带来商机。产品的生态系统是他们最感兴趣的，他们更关心自己是否有机会提供产品或服务，用以进一步提升产品的用户需求属性和非核心属性。

从 1 到 N 的产品扩张决策

在从 0 到 1 的产品创新阶段，竞争的重点是构建一个强有力的生态系统去支撑产品的价值主张。在从 1 到 N 的产品扩张阶段，重点则在于赢得更多的细分市场，提升或维持竞争地位。三星公司的盖乐世系列手机比苹果公司的 iPhone 的配置更多，可是配置越多一定越好吗？有的人认为较少的产品线会比较好，因为只需通过更少的配置就可以收获规模经济效应，同时也更便于管理生产和分销；有的人则认为配置越多越好，因为每一个配置都可以更好地提升某一个细分市场里的用户体验。企业如何决策取决于具体的配置和消费者的期望水平。汽车作为交通工具刚得到美国市场认可的时候，所有人都渴望拥有一辆价格便宜的汽车。福特汽车公司推出的单一车型大获全胜，因为它能够获得规模经济效应，福特汽车公司也因此有了价格优势。随着人们普遍拥有了汽车，通用汽车公司专为有着不同社会地位的人群打造的多样化汽车脱颖而出，因为此时能够满足消费者期望的配置成了决定性因素。

产品款式并不着眼于类别属性和必要属性，但着眼于用户需求属性、用户偏好属性和非核心属性。具体配置决策的制定，依据的是差异化策略和成本效益分析。企业可应用设计思维过程设计差异化策略和确定具体的目标细分市场，还可从消费者的角度评估某一项配置的收益。某一项配置的成本，不仅取决于供应链的生态系统、是内部生产还是外包生产以及市场定位，也取决于所考虑的配置的规模和范围。拥有更多配置的产品能更好地适应不同细分市场的需求，因此总体上能占有更大的市场份额，但这也会带来更高的经营成本和生产成本，因为每一样配置都不成规模。更少的款式易产生规模经济效应，但也会抑制市场需求，因为有的消费者无法找到适应其需求的配置。给定目标细分市场，我们就可以根据成本效益权衡进行成本效益分析，从而得出最优的一组配置。给定一组配置，我们就可以找出特定配置组合最适用的细分市场。产品款式的决策是通过迭代式成本效益分析进行的，如图7-2所示。

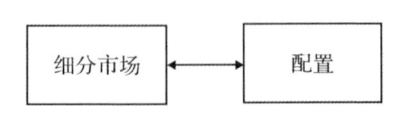

图7-2 迭代式成本效益分析

产品生命周期是指以销售额和盈利来考量，一款产品能在市场上存在多久。它是产品从进入市场到退出市场之间经历的时间。一般而言，产品的生命周期可分为四个阶段：上市阶段、增长阶段、成熟阶段和衰落阶段，如图7-3所示。

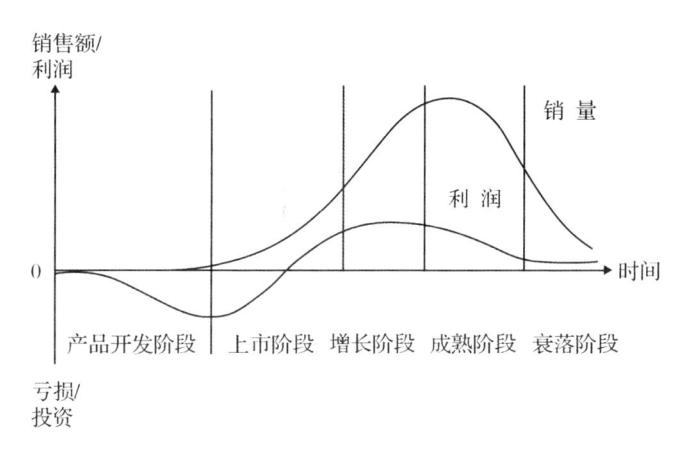

图7-3　产品的生命周期

产品开发阶段是指投资开发一款产品并准备好上市销售的阶段；上市阶段是指对产品进行投资和营销，使人们了解产品的阶段；如果产品取得了成功，那它就步入增长阶段，此时市场需求上涨，企业需投资产能以支持产品的增长；在成熟阶段，营销成本和生产成本都会降低，这是整个生命周期中盈利最多的阶段；随着更多的竞争者涌入市场并争夺市场份额，价格战将导致利润率降低。

iPod的生命周期是怎样的呢？iPod经历过多次升级换代，每一代都有各自的产品生命周期，都有着类似图7-3所示的销量和利润曲线。产品类别的生命周期可定义为以销售额和盈利来考量一个产品类别在市场上能存活多久。因此，多次升级换代的产品类别在特定时段内的销量和利润就是该时段内各代产品的销售额和利润总和。新一代的产品不一定会取代旧一代的产品，例如，iPod二代面世的时候，iPod一代仍旧在市场上销售。吉列有多个剃须刀品牌同时在市场上销售，而它们都属于同一个产品类别。在一个产品类别下推出新一代的产品，是为产品类别增加收入与利润的途径，因此也是管理产品类别生命周期的途径。产品类别生命周期的上市阶段属于从0到1的产品创新阶段，而从1到N的扩张阶段涵盖的是增长阶段和成熟阶段。产品经理的主要职责是对从0到1的产品创新阶段进行管理，构建起一个强大的生态系统，再利用这一生态系统推出新一代产品，延长其产品类别生命周期的成熟阶段（见图7-4）。

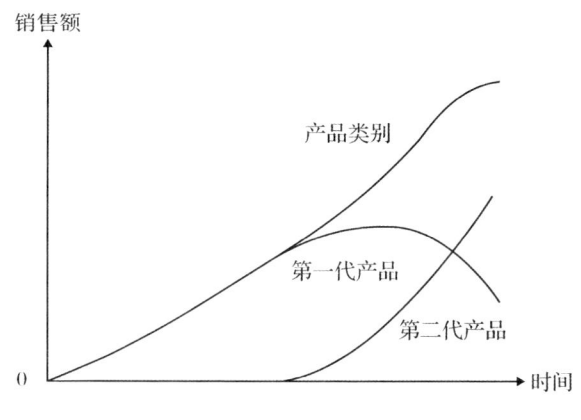

图 7-4 包含两代产品的产品类别生命周期曲线

当价值主张的支撑结构已经就位,并且人们对它习以为常之后,人们就会用产品类别取代价值主张。很多人认为,从 1 到 N 的产品扩张阶段的竞争会发生在产品属性的领域。传统的惯例是,对消费者进行调查,由消费者给产品的各个属性分配相对权重。在新一代产品的决策过程中,这些相对权重可用于确定产品差异化的组合,从而实现最大限度的投资回报,但这只是从成本效益的角度出发对产品差异化进行微调,无法在从 1 到 N 的产品扩张阶段的竞争中形成强大的竞争优势。尽管改良产品属性对于从 1 到 N 的产品扩张阶段的竞争起着关键性的作用,但我们也不应忘记,能驱动人们需求增长的是价值主张,而不是产品。因此,对产品属性的改良须与人们对下一层次需求的渴求保持一致,以此打造市场差异化。

产品款式设计决策的目标是缔造差异化，从而在市场扩张的过程中触及更多的细分市场，其中的重点在于用户需求属性、用户偏好属性和非核心属性。在对产品款式的管理中，产品经理的目标是触及尽可能多的细分市场，并且还要有成本效益，不逾越预算约束。产品类别生命周期决策的目标是通过产品类别的生命周期维持住市场主导地位，其中的重点在于类别属性和非核心属性。在产品类别生命周期的管理中，产品经理的目标是做出正确的产品生命周期决策和产品款式决策，从而提升利润，维持市场竞争力。根据市场结构和公司市场地位的不同，维持市场竞争力的决策重点会大相径庭：一种市场结构是某个参与者一家独大，另一种市场结构是多个参与者旗鼓相当，形成寡头垄断。接下来，我们将探讨在这两种市场结构下，从 1 到 N 的产品扩张策略该如何制定。

一家独大的市场结构

如果一家公司在从 0 到 1 的产品创新阶段的竞争中一家独大，那么它必定已经构筑起一个比其他竞争对手都强大的支撑结构。为了维持其主导地位，它将分配大部分投资去进一步改良类别属性的关键驱动因素，剩下的投资将用于扩大市场触及面。它将开发一个优化的产品款式组合，在扩大市场触及面的过程中实现利润最大化，同时不逾越投资预算约束。通过这些举措，该公司将强化其价值主张的支撑结构，以应对竞争对手的正面进攻——对手在相同的价值主张下推出了更优的产品。

新一代产品的推出受制于一种欲求：加快类别属性的关键驱动因素的改良步伐，维持市场主导地位。类别属性的关键驱动因素的改良可能会遇上收益的回落，人们也将渴求更高层次需求的满足。如果更高层次需求的关键驱动因素不同于更低层次需求的关键驱动因素，它将会成为产品的拐点。若产品经理能够尽早预见到这一点，并指导团队将注意力放在改良那些新的类别属性关键驱动因素上，公司就能抓住一个新的发展阶段。若产品经理未能预见到这一点，或者公司没有技能、没有能力把握住这一机会，那么有技能、有能力去满足更高层次需求的竞争者就有可能颠覆该公司的市场主导地位。因此，当关键驱动因素的改良遇上收益的回落时，产品经理就应该开启设计思维过程、发掘新的类别属性的关键驱动因素，并通过决策迎接这一潜在的拐点。

我们来梳理一下吉列剃须刀产品线的发展历史，看看吉列是如何制定策略、维持其市场主导地位超过一百年的。1901年，金·坎普·吉列（King Camp Gillette）有了一个关于安全剃须刀的新创意，并成立了美国安全刀片公司（American Safety Razor Company），后来更名为吉列公司。安全剃须刀是一种带保护装置的剃须工具，使用者无须具备太多的技能，就可以实现无伤害剃须。当时，普通的刮胡刀通常都使用保护罩，这类刮胡刀在使用前需磨刀，使用一段时间后需要再次磨刀。吉列发明了一种双面安全剃须刀，它使用了可替换式双面刀片。这项发明于1901年获得了专利。吉列还提出了一个设计，可改善人们剃须时的安全性以及替换刀片时的便捷性。吉列的发明获得了美国市场的认可，吉列也很快将自己的营业范围扩展到了美国之外的市场。在专利保护的加持下，吉列得以在1908—1916年采取高定价策略。在第一次世界大战期间以及战后，美国陆军向服役人员提供吉列的剃须刀套装，让吉列的安全剃须刀一跃成为该产品类别中的佼佼者。

　　吉列剃须刀的专利于1921年11月失效。为了维持其市场主导地位，吉列转变了其定价策略，通过大幅压低剃须刀售价来争取市场份额，并通过出售刀片盈利——这就是今天所说的"剃须刀-刀片"策略。借助这一新的定价策略，吉列迎来了指数型增长。1917—1925年，吉列的销量增长了十倍。到了20世纪20年代末，吉列在美国市场的销量开始下滑，因为其竞争对手拥有更为出色的刀片技术，这让吉列的刀片遭遇了竞争。为了解决这一问题，吉列在1932年推出了由碳钢打造的蓝吉列刀片。因为碳钢的材质更硬，不易磨损，所以用蓝吉列刀片可以增加剃须次数，减少每次剃须的成本。吉列又在1938年推出了碳钢材质的超薄刀片。与蓝吉列刀片相比，超薄刀片的价格更低，重量也减少了一半。吉列还花重金做宣传，以此来恢复其市场地位。在这几年里，虽然要应对美国国内市场的激烈竞争，但这并不妨碍吉列的海外销售。1935年，吉列有半数收益来自海外市场；而1938年，其全部收益几乎都是海外市场提供的。这给了吉列扩张拉丁美洲市场的动力。

第二次世界大战期间，吉列致力于为美军提供剃须产品。战后，随着欧洲工业开始重建，吉列也为工厂做了现代化改造，提高了产量，还推出了更安全的新产品。1950年，吉列夺回了它在美国市场的主导地位。1960年，继蓝吉列刀片后，吉列又对剃须刀片做出了一次重大改进，推出了超级蓝刀片。这一新款刀片带有硅涂层，能给人们无比舒适的剃须体验。超级蓝刀片一经推出便大获成功，吉列也因此于1961年以超过70%的市场占有率重新占据了剃须刀市场的主导地位。

1962年，英国的威尔金森·斯沃德公司（Wilkinson Sword Company）推出了前所未有的不锈钢剃须刀片。相较于碳钢刀片，不锈钢刀片不仅防锈，其刀片保持锋利的时间也多出了三倍。虽然不锈钢刀片的成本更高，但其无与伦比的耐用性仍让威尔金森·斯沃德公司在进入世界市场时优势不减。美国剃须刀市场中的两个竞争者——舒适公司（Schick）和美国安全刀片公司——也各自推出了不同款式的不锈钢刀片。这三家公司的做法让吉列猝不及防。虽然当时吉列有制造不锈钢刀片的技术，但却不愿生产这种利润率比超级蓝刀片低很多的刀片。吉列的高层管理者担心推出不锈钢刀片会使超级蓝刀片的销量锐减，从而影响利润。于是，威尔金森·斯沃德公司和舒适公司以不锈钢刀片把吉列拉下了市场主导者的宝座。1964年，吉列终于推出了不锈钢刀片，赢回了一些市场份额。1964—1971年，吉列多次推出升级款不锈钢刀片，最后重回市场主导地位。

1971年之前，吉列的剃须刀只有单层刀片，并以"安全、简单、超值又舒适的剃须体验"为价值主张。其第一代刀片主打安全，有着独特的双刃安全设计；第二代刀片是碳钢材质的蓝吉列刀片，与第一代相比，它更容易被拿取、使用和更换，而且在定价策略上也有所提升；第三代刀片——超级蓝刀片应用了先进的涂层科技，推动公司实现了更高的价值主张：剃须不仅要安全，还要舒适又彻底。超级蓝刀片的成功让吉列自满，同时使得一些小公司带着不锈钢刀片趁机而入，冲击了市场。虽然吉列有能力制造同类刀片并夺回主导地位，但它却因为不想牺牲短期利润而退缩了。结果，威尔金森·斯沃德公司和舒适公司在安全剃须刀类别中抢夺了一定市场份额。直到两年后，吉列才推出了不锈钢刀片，赢回了一些市场份额。

回到1964年，那时吉列已经在研究双层刀片剃须刀了。这种组合的设计理念是：第一层刀片先将胡须提起并切断，趁其还没来得及缩回毛囊时，再被第二层刀片切得更短。根据此理念，装有两个平行刀片的塑料刀头诞生了。在消费者测试环节，双层刀片剃须刀的使用效果明显优于单层刀片剃须刀。1971年，吉列推出了首款双层刀片剃须刀——Trac II，占领了高端市场，也确定了一个从1到N的产品扩张新方向。1971—1996年，吉列不断改进双层刀片剃须刀，带给消费者越来越高效、顺滑且贴合脸部轮廓的剃须体验。1974年，比克公司（Bic）别出心裁，推出了一次性剃须刀（而不是一次性刀片）。吉列积极应对，成功占据了一次性剃须刀市场的主导地位。然而，一次性剃须刀的出现有损吉列在一次性刀片市场中的丰厚收益，所以作为一次性刀片市场的主导者，吉列撤回了部分精力，把重心放在了双层刀片刀头上。于是，吉列在1980年推出了双层刀片旋转刀头；在1989年推出了能贴合面部线条的"感应"双层刀片刀头；在1993年推出了剃须更干净的"超级感应"双层刀片刀头；在1996年升级双层刀片系统，推出了"锋速3"三层刀片剃须刀，它有更强韧耐用的刀片、更亲肤的刀头和更高的剃须效率。市场测试表明，在锋速3和超级感应中，前者更受男士们的欢迎（选择锋速3和超级感应的人数比为2∶1）。在三层刀片系统研发上的高投入，使锋速3替换刀头的成本比超级感应替换刀头的成本高出了35%。锋速3是一款非常成功的产品，它面市后仅用六个月就占据了15%的市场份额。2002—2005年，吉列又在贴合度、亲肤度、剃须效率和舒适度方面做了改进，推出了一些不同型号的锋速3。

2003年，舒适公司推出了有四层刀片的"创4纪"剃须刀，与锋速3展开竞争。2002—2005年，各型号的锋速3都十分畅销。2005年1月，吉列被宝洁公司（P&G）收购。被收购时，吉列在全球剃须刀和刀片市场中占有超过70%的份额。为与舒适公司的四层剃须刀竞争，吉列于2005年9月14日推出了有五层刀片的"锋隐"剃须刀。除五层刀片外，锋隐还带有一个专为鬓角和鼻子下方胡须设计的精修刀。更亲肤、更舒适，刀头价格与锋速3相当的锋隐一跃成为公司的旗舰品牌。可在十五年后，锋隐还是没能赶超锋速3的销量。2019年，锋速3刀头在美国卖出了620万枚，锋隐刀头卖出了420万枚。多篇消费者反馈文章中提到，锋速3的整体表现比锋隐好。许多使用者反馈，用锋隐确实刮得更干净，但因为它的刀片多，所以更刺激皮肤。

至此，吉列剃须刀的发展时间线已梳理完毕，下面我们来分析一下吉列的扩张策略和应对竞争者的措施。剃须是美体中去除毛发的一种方式，带来的效果只是暂时的，因为它去除的只是面部表层的毛发，并没有将其连根拔起，而剃须刀是剃须所需的一种工具。社会规范中对体毛存在与否的态度影响着人们的剃须需求。剃须需求层次的最底层是安全；第二层是每次剃须成本低，以便人们频繁进行面部清理；第三层是剃得干净；第四层是舒适；最顶层是效率。吉列的首款剃须刀主打安全，又因在第一次世界大战中及战后受到美国军方支持，获取了市场主导地位。1901—1971年，吉列为了满足人们更高层次的需求，不断优化单层刀片剃须刀的刀片材质和刀片涂层，减少剃须给皮肤带来的刺激。作为市场主导者，吉列创造了一个强大的生态系统来促进关键品类属性升级，并以此获得足够的动力去满足消费者更高层次的需求。即使后来有竞争者冲击了市场，吉列也能及时采取有效的应对措施，重回市场主导地位，然而改进单层刀片带来的收益开始递减。为了走出困境，吉列调整了产品策略，从改进单层刀片转向了研发多层刀片系统，详见图7-5。

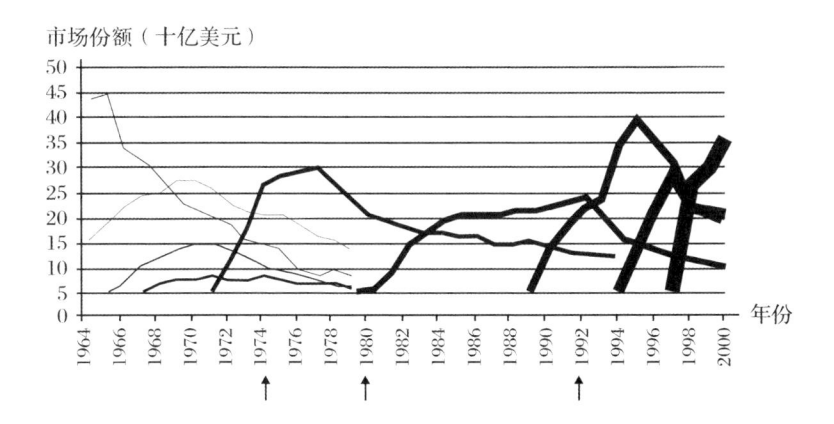

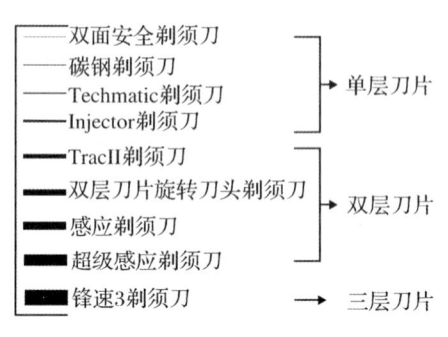

```
──  双面安全剃须刀
──  碳钢剃须刀
──  Techmatic剃须刀    ⎫
──  Injector剃须刀      ⎬→ 单层刀片
──  TracⅡ剃须刀         ⎫
■■ 双层刀片旋转刀头剃须刀
■■ 感应剃须刀           ⎬→ 双层刀片
■■ 超级感应剃须刀       ⎭
■■ 锋速3剃须刀          → 三层刀片
```

图7-5　吉列湿刮的市场份额（1964-2000年）

1971年，吉列在双层刀片剃须刀上获得的巨大成功为其发展增添了动力。在这一新方向上尝到甜头后，吉列斥巨资开始研发三层刀片系统。1996年，吉列推出了三层刀片剃须刀，它比双层刀片的剃须更干净、更高效、更温和，也获得了更大的成功。2003年，舒适公司推出四层刀片系统参与市场竞争；2005年，吉列以它的五层刀片系统应战。多层刀片能让剃须更彻底、更高效，从而满足人们更高层次的需求。虽然刀片的增加能提高剃须效率，但也难免会让皮肤受到更大的刺激。如此看来，剃须刀的刀片越多，不一定越受消费者青睐。吉列的五层刀片系统面市十五年后，依然没有赶超其三层刀片剃须刀的销量。

吉列的产品类别生命周期策略是：用能满足更高层次需求的新产品来维持自己在关键类别属性中的主导地位。在产品升级换代期间，吉列还开发了不同款式的产品，以适配不同的细分市场，如男性市场与女性市场。为剃须刀和剃须刀片定价是平衡市场份额和利润的关键环节,把剃须刀的价格压低,会让公司的市场份额增加,利润减少,而在剃须刀上损失的利润又能通过抬高刀片价格来弥补。为了找到合适的平衡点,吉列借助市场研究找出了消费者对剃须刀价格的敏感度,从刀片销售数据中得出了生命周期价值,并对两者进行权衡。单层刀片产品策略带来的线性扩张会在某一阶段遭遇收益递减,其产品类别生命周期也会进入衰退阶段。为了延长产品类别生命周期,吉列将目光转向了多层刀片系统。

吉列剃须刀的市场份额从 2016 年开始急剧缩水,到 2019 年,其市场份额已经从 70% 跌至 52%。它面临的主要威胁并非来自舒适公司和威尔金森·斯沃德公司这两个老对手,而是来自那些专注于消费者剃须和美体的附带需求的新公司。成立于 2012 年的哈利公司(Harry's)在制造剃须刀的同时,还通过线上和零售渠道销售剃须刀和男士个人护理产品。它也提供订购服务,可以将美发产品定期邮寄给消费者。成立于 2011 年的美元剃须俱乐部(Dollar Shave Club)会将消费者每月订购的剃须刀片或购买的相关美容产品送货上门。这两家公司的崛起就是吉列市场占有率下跌的主要原因。吉列会因此遇到一个拐点吗?

小角色要如何与市场的主导者展开竞争?能主导市

场的企业一定是构建了强大的生态系统，为其关键品类属性提供了最高的价值成本比。小企业的生态系统则一定很薄弱，所以它们不能直接与主导企业竞争，而是要等待其价值成本比触顶、收益递减时，或消费者开始有更高层次的需求时，抓住机会，一举夺得市场份额。威尔金森·斯沃德公司在1962年就是用这样的方法取得了成功。即使吉列成功应对并夺回了部分市场份额，可还是没能挡住威尔金森·斯沃德公司在市场中确立地位的步伐。小企业虽然在关键类别属性上的价值成本比无法和主导企业相提并论，但它们可以重点关注用户需求、非核心属性及成本，从这些方面实现不同的价值主张。比克公司、美元剃须俱乐部和哈利公司分别在1974年、2011年和2012年使用了这种方法，吉列成功回击了比克公司，但是似乎被美元剃须俱乐部和哈利公司抢去了部分市场份额。

寡头垄断市场结构

如果多家强势公司能在从0到1的产品创新阶段的竞争中夺得相近的市场份额，那么这些公司一定是建立了同等强大的支撑结构。寡头垄断市场就是由这些市场占有率不相上下，且能在关键类别属性中提供相近的价值成本比的公司组成的。例如，大型个人电脑公司（联想、惠普、戴尔）都使用Windows操作系统、英特尔中央处理器和相同的第三方应用程序，所以它们有类似的关键类别属性。

智能手机市场中也有同样的例子：除了苹果公司，其他所有大型智能手机生产商使用的都是安卓系统操作系统和相似的芯片。既然它们无法在类别属性上形成竞争优势，那么就应该转移，根据用户需求、非核心属性、操作效率和效果设计出一系列不同类型的产品，再在这样的产品类别（可被看作子产品类别）中占据一个与众不同的市场地位。产品经理可以带领团队运用设计思维过程寻找合适的市场领域，让公司在该领域大显身手，做出最佳的产品决策，最终确立其市场地位。公司定期通过一致的信息发布新产品，可以强化自己的市场地位，在子产品类别中建立品牌口碑，继而产品经理便能再推出一款让人眼前一亮的产品，从非核心属性方面讨得消费者的欢心。

我们可以从手机市场的历史案例研究中寻找一些事实论据。移动系统具备两个基础设施：有基站和交换机位置的蜂窝系统以及手持或车载移动终端。1990年以前，电信服务在大多数国家，包括美国，都受政府监管。在移动通信行业中，私营企业的业务包括制造蜂窝系统设备、安装蜂窝系统、制造和分销移动终端。1977年，美国联邦通信委员会（FCC）批准美国电话电报公司（AT&T）经营一条蜂窝网络。1983年，摩托罗拉首个模拟蜂窝系统AMPS（高级移动电话系统，又称1G模拟移动系统）手机——DynaTAC先后在芝加哥、华盛顿和巴尔的摩面市。大约同一时间，世界各地相继出现了许多AMPS。

AMPS于1983年推出后,摩托罗拉带头进一步提升AMPS的成本效率,将其打造成美国主流1G移动标准,并使AMPS网络延伸到了约200个美国大型城市。很多移动设备生产商,如摩托罗拉、日本电气(NEC)、冲电气(Oki)、诺基亚、松下和爱立信等,都应用了先进的半导体技术来缩减移动设备的重量和尺寸。这标志着手机开始进入消费市场,手机用户数量开始快速增长。摩托罗拉作为一个掌握高水平半导体技术的公司,率先推出了最小、最轻的手机。20世纪80年代末,摩托罗拉成了手机市场的主导者,并在90年代一直处于主导地位。

20世纪80年代中期,各个欧洲国家都开始有不同的AMPS。欧洲各国之间的距离较近,其公民在欧洲国家间的流动性很高,不同的主流1G移动标准给那些经常跨国旅行的欧洲人带来了漫游问题。这使得欧洲国家渴望能共同开发一种移动系统标准,省去漫游业务的烦琐,提升移动通信的价值。因此,当美国的各个公司在升级它们的AMPS时,欧洲则在逐步开发其标准数字蜂窝网络——GSM(全球移动通信系统)。

1991年,GSM迅速发展。GSM支持语音和数据通信,移动服务运营商能向用户提供更多服务,比如在欧洲和亚洲,许多移动运营商都在SMS(短信系统)上大获成功。GSM的成本效益比AMPS高,所以对于亚洲的一些发展中国家来说,在建设能优化其现有电信基础设施的移动通信基础设施时，这些国家自然会选择使用 GSM。GSM 先覆盖了欧洲，而后又覆盖了亚太地区和非洲。

爱立信和诺基亚曾是这些国家和地区中的两大 GSM 供应商，它们不仅为电信运营商提供电信设备，还生产和销售通信系统的终端设备——手机。然而，这两家公司对手机的看法完全不同。爱立信把手机看作通信系统的必要延伸产品，所以它在通信系统新技术的研发和升级上投入了大量精力。20 世纪 90 年代初，爱立信主导着电信设备的供应，且在 GSM 的成功之路上发挥了重要作用。在爱立信全力推动数字蜂窝技术发展时，诺基亚则将更多的精力给了移动终端——手机。

传统的用来通信的终端设备一直是固定电话。人们不太在乎家里或办公室中安装的固定电话有多花哨，只要能正常通信就行，所以功能和价格成了人们购买固定电话时的主要关注点。在手机市场中，特别是当所有公司生产的手机都有类似的功能时，专注于推动数字蜂窝技术发展的公司会借助低成本策略参与竞争，比如爱立信，它的手机策略就是在有廉价劳动力的国家或地区建立工厂。

不过，当移动通信开始迅猛发展时，较低层次的需求几乎都能被满足，对更高层次需求的渴望也就随之出现了。随着手机越来越小巧便携，它逐渐成了一种被人们随时带在身上的个人物品。大多数电信供应商在这时都忽略了一个潜在需求：一部能彰显主人特质的手机。20 世纪 90 年代初，诺基亚开始钻研"人性化技术"，即通过技术手段设计出既可靠又符合个人品位和生活方式的手机。诺基亚认为，在建成蜂窝移动基础设施、推出常规移动通信服务后，手机将成为增加移动通信用户数量的关键。当所有手机的功能都类似时，影响买家购买决定的关键因素就成了手机的设计。因此，以"适合不同人士的时尚手机"闻名于市场的诺基亚就能把手机卖出高价。

为了进一步引领时尚潮流，诺基亚从1998年开始，每隔35天就发布一款新产品。其新型号的手机虽然内部组成都相同，但有着可更换的面板，能够搭配不同国家用户的不同生活风格。几乎每个用户都能找到适合自己的诺基亚手机型号。这种模块化设计使诺基亚实现了规模经济和范围经济。20世纪90年代末，诺基亚借助这一策略赶超了摩托罗拉，并在21世纪第一个十年里，成为手机行业的领导者，而爱立信却在手机市场中失去了竞争力，2002年与索尼公司合并了手机业务。

2003年，摩托罗拉向诺基亚的"适合不同人士的时尚手机"领域出击，带着夺回行业第一把交椅的决心，推出了轻薄且有独特翻盖设计的摩托罗拉刀锋手机。与普通手机的操作和显示区外露的设计不同，翻盖设计将按键和显示屏等组件都放在了翻盖下，这样不仅能起到保护和防误触的作用，还能使手机变得更短、更窄、更便携。当然，翻盖手机也有缺点：连接机身的转轴容易松动或损坏。刀锋手机流畅的线条吸引了许多消费者的注意，帮助摩托罗拉赢回了一些市场份额，使其在2006年又恢复盈利。刀锋手机在四年内卖出了1.3亿部，成了世界上最畅销的翻盖手机。紧接着，摩托罗拉又推出了几代设计更好的刀锋手机，但它轻薄的翻盖设计后来被功能繁多的触摸屏抢去了风头，摩托罗拉也因此在2010年前后失去了市场份额。

1974年，三星通过收购韩国半导体公司进入了半导体行业。1982年，它又通过收购韩国电信公司进入了移动设备行业，遇到了当时韩国手机市场的主导者——摩托罗拉。为了与其展开竞争，三星的营销团队建议公司专门为韩国设计一款有独特功能的手机。根据韩国特殊的山区地形，设计团队决定重点强化手机的信号接收功能。三星为此投入了大量资金，终于在1993年推出了一款能在山区稳定接收信号的高端手机，并将其称为"AnyCall"。三星在宣传AnyCall的独特功能时，用了这样一句口号："无惧韩国崇山峻岭。"在两年内，三星就超过了摩托罗拉，成为韩国市场首屈一指的手机公司。

20世纪90年代初，欧洲和许多亚洲国家都采用GSM数字标准。当GSM正向美国市场扩张时，高通公司（Qualcomm）于1995年推出了一种基于CDMA（码分多址）的新数字标准——IS-95，该标准能向下兼容美国已有的模拟蜂窝系统。1996年，三星在韩国推出了CDMA服务，并为CDMA系统设计了手机。不到一年，三星就占据了韩国CDMA市场50%的份额。它还将CDMA手机出口到了有相应服务的国家和地区，如美国、拉丁美洲和中国香港，并于1999年在全球CDMA手机市场拿下了超过50%的市场份额。然而，全球70%的无线市场采用的都是GSM。为了实现进一步的发展，三星必须打入GSM手机市场。面对摩托罗拉、诺基亚和爱立信这三大巨头，三星需要选择一个细分市场落脚，并为这一细分市场的用户设计一款独特的产品。三星将切入点选在了欧洲。在发现欧洲人偏爱有着几何形状、平衡和简单设计的产品风格后，三星投其所好，以"简洁"为理念，打造出了一款具有独特功能的高级手机。成功进入GSM市场的三星得以继续扩大其手机业务，将产品推向其他使用GSM的国家和地区，如亚洲地区和北美地区。在其电子和半导体制造业务的大力支持下，三星提供了六种主要配置各异的手机，以配合不同市场的需求，发展了范围经济。这让三星在不同的国家销售手机时更具优势。2007年，三星赶超摩托罗拉，成为世界第二大手机公司。在发展过程中，三星与许多国家的电信公司建立了密切的关系，增强了实现范围经济的能力，并能在各个市场大量销售不同型号的手机。

在手机被首次推出时，反映手机价值主张传递效率的类别属性的关键驱动因素有：与电信基站的兼容性、手机操作系统和移动处理器。因为依靠简单的操作系统就可以满足打电话这一基本需求,所以与电信基站的兼容性和移动处理器就成了关键中的关键。作为一家与AT&T有着良好关系的半导体公司,摩托罗拉具备以上关键因素。它凭借这一优势,顺应AMPS在美国的发展潮流,迅速成为手机行业的主导者。但当许多半导体公司都跻身生产移动处理器时,摩托罗拉作为半导体生产商的优势就被抵消了。此时,关键驱动因素只剩下了与电信基站的兼容性。爱立信和诺基亚先后在欧洲开发了GSM数字无线系统。当这两家公司在欧洲各地建起GSM基站时,它们就有了在当地销售手机的优势。三星以半导体生产商的身份进入市场后,在韩国搭建了一个CDMA数字基站。由于电信公司想大力招揽手机供应商,所以它们会开放基站标准,并欢迎所有手机供应商加入。这样一来,市场中所有手机生产商就会有一个公平的竞争环境。

随着基站技术和移动芯片技术的进步,手机生产商纷纷推出新型手机。在这种情况下,它们无法从类别属性中发展出竞争优势,所以应该转而从用户需求属性和非核心属性入手,创造与众不同的产品类别,并在其中建立起独特的市场地位。诺基亚通过打造一系列外观时尚的手机,在"适合不同人士的时尚手机"领域中确立了地位;三星则利用自己的范围经济能力,在"适合不同市场的手机"领域中确立了地位。爱立信却没能站稳脚跟,掉出主流市场大部队。摩托罗拉也因没能确立地位而丢掉先发优势。

在被诺基亚赶超后，摩托罗拉以一款独特的时尚翻盖手机进行回击，赢得消费者们的喜爱。这个设计虽然帮摩托罗拉占得了一些市场份额，但还不足以使其在市场中建立地位。三星则借助其电子和半导体制造业务的支持，实现了规模经济和范围经济，取得了在品位不同的国家中销售手机的优势。

1990—2005年，摩托罗拉、爱立信、诺基亚和三星都是主要的手机生产商，在类别属性上并驾齐驱。它们的主要差异来自用户需求属性（满足不同地区用户的特定需求）和非核心属性（翻盖设计、可替换面板设计）。

随着通信在技术进步的推动下变得越来越快捷、低价，人们逐渐有了更高层次的需求，开始希望手机有除语音通话外的更多功能，如短信和网络连接。于是，操作系统能力成了新的关键因素。爱立信、摩托罗拉和诺基亚预见到了这一点。因为没有软件开发能力，所以它们在1998年与宝意昂公司（Psion Software）合作，成立了一家合资公司，为手机开发塞班系统。之后，所有用上塞班系统的大型手机公司依旧在用户需求属性或非核心属性上继续实施差异化战略。有了先进的操作系统，手机便从一个简单的通信工具升级为手持迷你个人电脑，手机品类也就进化成了智能手机品类，这对于摩托罗拉、诺基亚、爱立信和三星来说是一个拐点。由于四家公司都缺乏有效应变的核心能力，苹果公司便获得了进入市场的绝佳机会。

史蒂夫·乔布斯选择将 iMac 缩小，改造成智能手机。随后，iPhone 带着比塞班系统更强劲的操作系统——iOS 横空出世。苹果公司还随手机推出了激动人心的非核心属性：触摸屏幕用户界面，之后又通过与 AT&T 进行独家合作，取消了兼容性属性。苹果公司借助更强的抢眼点（触摸屏幕用户界面）和有力的支撑（iOS），迅速在智能手机类别中建立了牢固的地位，颠覆了智能手机市场。

我们来分析一下手机市场发展史中的寡头竞争。在早期的手机市场中，关键类别属性包括与电信基站的兼容性、手机操作系统和移动处理器。摩托罗拉、诺基亚、爱立信和三星都能很好地满足这些属性。虽然爱立信和诺基亚兼营基站业务，但在电信公司为所有手机生产商开放了基站连接后，它们的优势便变得不明显。摩托罗拉和三星的半导体优势也几乎被很多能生产移动芯片的半导体公司抵消。一开始，手机只有一些简单的功能，所有手机生产商都能独立开发手机所需的简单操作系统。这时，参与竞争的公司会基于合适的用户需求属性和非核心属性，设计一系列不同款式的产品，继而在相应类别中建立有差异的市场地位。

随着基站和移动芯片技术的进步，数据传递的效率有所提升，人们也开始希望手机拥有更多非通话类功能。他们想拥有的是一类新产品——智能手机。这使高级移动操作系统成了智能手机类别属性的关键驱动因素。对此，上述手机公司都无法做出有效回应。苹果公司抓住了这个机会，用iPhone刷新了手机市场。有意思的是，在曾经的四大手机巨头中，只有三星成功转向，开辟了新的发展道路。第八章我们再对此作详细的讨论。

总结

垄断市场中的单一主导者会使用新一代产品控制类别属性的关键驱动因素的发展，并以此维护自身的市场主导地位。对它来说，研究产品多样性是次要的，向不同的细分市场拓展才是主要目标。在创造新一代产品时，它会通过成本效益分析来确定产品组合配置，以最大限度地提高投资回报。该市场中的小企业则会从用户需求、非核心属性和成本出发，在利基市场树立地位。

在寡头垄断市场中，各主导企业会通过推出新产品来同步提升类别属性的关键驱动因素，并借助从用户需求属性和非核心属性上获得的差异性进行竞争。

在上述两种市场情况中，主导企业都需要密切关注人们需求层次的提升。需求层次上升会为主导企业带来拐点，也会为有相应核心技术和能力的新企业提供进入甚至颠覆市场的机会。

讨论问题：

1. 举出一个没有在本章出现的产品类别，说说它的品类属性、用户需求属性、用户偏好属性和非核心属性都是什么。在某一品类中竞争的不同公司是如何利用各自的优势来构建差异性的？

2. 销售硬件产品和销售软件产品在瞄准不同用户群体上分别有何难点或容易之处？公司如何衡量细分市场与其不同产品配置属性的一致性？

3. 微软、福特汽车和谷歌三家公司分别能提供什么核心价值主张？它们如何延长其产品的生命周期？在设计和销售产品时，各公司是如何照顾到其客户群体的？

4. 如果你是一位产品经理，你能从"吉列湿刮的市场份额（1964—2000年）"图中得出什么结论或假设？

5. 吉列的产品处于哪种生态系统之中？消费者还将哪些产品与剃须联系在一起（即剃须邻近产品有哪些）？像美元剃须俱乐部这样的新公司是如何利用邻近产品类别实现发展的？

6. 如果你的产品刚起步就在赢家通吃的局面中败北，你会怎么做？你能举一个例子吗？

7. 你能指出汽车行业在汽车发展史上遇到的不同拐点吗？每个拐点都发生了什么？你能预测这个行业未来会遇到什么拐点吗？

第八章

从优秀到伟大

在从 1 到 N 的产品扩张阶段，企业应当将重点放在能够更好地满足价值主张的产品类别属性上，因为这能够强化整个生态系统，从而支撑人们从价值主张中获得更多价值。龙头企业会加快改进类别属性的关键驱动因素，以维持自身的市场领先地位。每一家企业都会为了支撑价值主张而强化自身的生态系统，并协力构筑市场壁垒，使新的参与者更加难以在市场中立足。这些企业的增长是近似线性的，因为其增长与促进增长所付出的开支成正比。投资增长带来的收益是递减的，但消费者会产生更高层次的价值主张需求。若更高层次需求的关键驱动因素与当前层次需求的关键驱动因素不同，则所有龙头企业都将面临拐点，这也为新企业提供了入场的机会。这些新企业可以通过满足消费者更高层次的需求来颠覆现有的市场格局。

在第七章，我们探讨了作为行业主导者的吉列是如何进行从 1 到 N 产品扩张和越过不同的拐点的。我们还讨论了大型手机公司是如何在从 1 到 N 的扩张期间进行竞争以及如何度过手机行业的拐点的。在从 1 到 N 的产品扩张阶段，公司会研发新一代产品，利用这些产品来强化自身生态系统，为其价值主张提供支撑，从而保持竞争优势地位。从表面来看，不同公司是在产品属性方面展开竞争，但实际上，它们真正竞争的是各自生态系统的实力，以及面对消费者更高层次需求带来的拐点时，化危机为转机的能力。

要完成 1 到 N 的产品扩张，企业除了专注于改进产品的价值主张，还可以将重点放在利用产品的生态系统，主动帮助他人以产品为基础提供新的价值主张并扩展产品的价值主张。借助他人的努力，产品获得的成长将不再是线性的，而是指数型的。这就是**伟大的产品**。

是什么让产品或服务变得伟大

史蒂夫·乔布斯创造了"伟大到疯狂的产品"。这个词被用来形容"非常酷、非常创新、非常领先时代、优秀到疯狂"的产品。在麦金塔电脑和 iPhone 第一次被推向市场时，他就用这个词形容过它们。一个人是否伟大，取决于其对社会的贡献。一个年轻人在刚刚起步时，无论他多么酷、多么聪明、多么有创造力、多么领先于时代，我们都不会说他是个伟大的人。产品也是如此，我不会形容一款"很酷、很有创意、很领先于时代"的产品是伟大的，更不会称其是"伟大到疯狂的产品"，因为我暂时无从得知其对社会的贡献，但我会形容它是一款"酷到疯狂的产品"。酷到疯狂的产品可能进一步成为伟大到疯狂的产品，但也可能不能。即使它最终成就伟大，但在通往伟大的路上，它必定会经历各种意想不到的曲折过程。在这漫长而曲折的过程中，需要一位具有正确思维模式的主导者来引导其完成进化。

在人们的心目中，一款**伟大的产品**应当为能从 0 到 1 的产品创新奠定基础，而这些创新又会开拓新的市场和商机。因此，这款产品就是灵感的源泉，是创造新市场的基石。一款好的产品能为公司成长做出贡献，而伟大的产品不仅能助力公司成长，还能推动整体经济的增长。

是什么使企业家为了实现新价值主张发起从 0 到 1 的产品创新呢？从 0 到 1 的产品创新的出发点就是为社会创造新价值主张，而激发从 0 到 1 的产品创新的主要驱动因素有两种。一种驱动因素是能够为前所未有的价值主张的形成提供新可能性的基础设施的改进和增值。在改进后的基础设施被大多数人接受后，富有创造力的企业家便会发起从 0 到 1 的产品创新，以新的基础设施为基础，推出新的价值主张。例如，高速公路网络和车辆是推动从 A 点到 B 点旅行的交通基础设施，随着政府不断扩张高速公路网络，大部分人开始购买车辆，新的乡村发展也会在高速公路沿线落地开花，为企业家提供新的商机。加油站购物中心就是在高速公路基础设施改善、大多数美国家庭拥有不止一辆汽车后孕育出的从 0 到 1 的产品创新。

另一个例子是中国的高铁。连接上海和北京的高铁是一款优秀的产品，能为两市间的往来交通提供便利。在中国，高铁网络连接国内的众多城市、乡村乃至偏远地区的小城镇后，中国交通基础设施的升级便完成了。众多企业家受此启发，发起了许多从 0 到 1 的产品创新，如旅游和低成本物流链，而这一发展也在极大程度上影响了中国的城市面貌和经济发展。至此，中国高铁完成了从优秀到伟大的进化。

另一种驱动因素是上游从 1 到 N 的技术进步。比如，半导体技术从 1 到 N 的线性进步就激发了从 0 到 1 的个人电脑创新；摩尔定律激发了下游 IT 产品行业中的许多从 0 到 1 的产品创新；互联网技术的进步为无线通信提供了新的基础设施，进而激发了无线通信行业中的许多从 0 到 1 的产品创新。

可见，当产品的普及率足够高，足以完成对现有软硬件基础设施的升级后，下游的优秀终端产品便能够完成从优秀到伟大的进化。对许多终端用户产品至关重要的上游关键技术组件产品，同样能完成从优秀到伟大的进化。这些上游关键技术组件产品包括半导体、显示屏、电池，等等。一个方向是通过投资推动这些上游关键技术组件产品的技术发展并使产品公开可用，这能鼓励许多企业家以这些产品为基础，开启从 0 到 1 的产品创新。另一个方向则是通过投资来大幅降低成本，这也能鼓励他人以这些产品为基础，进行从 0 到 1 的产品创新。

但是，并非所有产品都能从优秀进化至伟大。例如，吉列刀片是一款优秀的产品，但它无法完成这趟进化之旅，因为价值主张就是其本身的目的。

接下来，我们将介绍一些主导者带领团队完成漫长旅程，使优秀的产品进化至伟大的案例，当中有麦金塔电脑从很酷到优秀、再从优秀到伟大所走过的崎岖道路，这趟旅程绝非一帆风顺，在一段时期内，麦金塔电脑甚至几乎在市场上绝迹；腾讯的领导人将QQ从很酷变成优秀，再将其进化为伟大的终端产品——微信的故事；台积电（TSMC）从优秀的OEM服务供应商进化成伟大的半导体代工厂。麦金塔电脑和QQ是终端产品从优秀进化至伟大，台积电则是上游关键技术组件的进化之路。在每个成功将优秀的产品变为伟大的案例中，我们需要关注的是主导者所具备的思维。

伟大的旅程

20世纪80年代初，个人电脑作为一个新产品类别逐渐为人们所接受。当时类别属性的关键驱动因素是计算速度和可用的应用软件数量，易用性在当时只是一项非核心属性，是产品的加分项。苹果的麦金塔电脑在竞争中败给了IBM PC，因为IBM PC拥有更多办公应用软件，运行速度也比麦金塔电脑更快。虽然麦金塔电脑有令人眼前一亮的图形用户界面，但在当时这并非顾客购买时优先考量的因素。IBM PC成了个人电脑市场的主导者。随着越

第八章 从优秀到伟大

来越多的人开始在日常生活中使用电脑,更高层次的需求逐渐出现,易用性开始逐渐成为个人电脑类别属性的关键驱动因素。采用英特尔芯片,运行 Windows 操作系统的个人电脑已经具备了与麦金塔电脑相似的图形用户界面。Windows 操作系统运行在 DOS 操作系统下,微软则培训 DOS 软件开发者,以此来为 Windows 操作系统开发应用程序。因此,相较于麦金塔电脑,更多第三方软件开发商选择为 Windows 操作系统开发应用程序。在个人电脑市场中,使用英特尔芯片和 Windows 操作系统的个人电脑逐渐超越了 IBM PC 和麦金塔电脑,因为个人电脑使用者多为单归属用户,所以谁先占领了市场,谁就能成为市场的主导者。20 世纪 90 年代初期,使用英特尔芯片和 Windows 操作系统的个人电脑取代 IBM PC,成了市场的统治者。

此时,麦金塔电脑已经无法在类别属性上与其竞争,于是转变方向,通过关注用户需求属性和非核心属性来提高其在细分市场中的地位。1985 年,约翰·斯卡利将麦金塔电脑与苹果的激光打印机和麦金塔电脑专属的软件捆绑销售,使用户能更加便捷地设计、预览和打印带有文字和图像的完整页面。这一做法直接催生了一个子类别:桌面出版。同时,苹果公司还将重点放在了麦金塔电脑的外形设计、多媒体软件技术和"即插即用"的特性上。一位分析师曾指出:"大部分 IBM 和兼容机用户都需要'容忍'

243

他们的机器,但苹果用户'喜爱'他们的Mac(苹果电脑)。"这使得麦金塔电脑能够卖出更高的价格。为了维持高端形象,苹果公司不得不投入比其他个人电脑公司更高的研发费用。1990年,麦金塔电脑在全球拿下了8%的市场份额。苹果公司受限于高成本架构,无法像其他个人电脑公司那样不断降低产品价格。随着个人电脑价格战愈演愈烈,苹果公司的市场份额也遭到蚕食。1990—1997年,为了将麦金塔电脑打入主流市场,苹果公司做出过许多尝试,但最终没能推出一款低端产品。为了与英特尔芯片竞争,苹果公司与IBM公司联手研发了Power PC芯片,但这一产品无疾而终。两家公司还曾尝试授权其他公司生产Mac的克隆产品,但1997年乔布斯回归苹果后,授权随即被终止。乔布斯回归时,苹果正在遭遇10亿美元的亏损,麦金塔电脑的市场占有率已经跌至3%,且下滑仍未见底。

乔布斯回归后做的第一件事是改善苹果公司的财务状况,重塑公司形象。他发布了iMac,其具有独特的外观设计,能选择多种颜色的半透明外壳,还能支持并非专为Mac平台打造的外设。为了降低成本、扩大市场覆盖面,他重构了整个供应、生产和销售链条。乔布斯专注于对iMac的打磨,使其能够提供紧密集成的顶尖用户体验,他还决定将产品搭载的芯片换成英特尔,以使iMac兼容Windows操作系统。2001年,苹果公司发布了全新的OS X操作系统,提供了更加稳定的环境。OS X操作系

第八章 从优秀到伟大

统每12～18个月就会升级一次,苹果能借此获得额外利润,客户忠诚度也会因此而更加牢固。与其他个人电脑公司主要依靠第三方软件开发者来提供软件应用不同,苹果公司自主研发了一系列媒体创作、组织、剪辑和发布软件,包括iTunes、iMovie、iPhoto等。

乔布斯成功地使苹果公司扭亏为盈,从而能够继续投入研发来维持其技术优势。但是,苹果的全球市场份额仍在下降,只不过下降的速度有所减缓。2001年,iMac的全球市场份额在2.4%左右。虽然麦金塔电脑正被主流个人电脑市场抛弃,但苹果公司却在工业设计、图形操作系统开发、多媒体软件、高级用户界面等方面掌握了独特的技能,并且培养了一批忠实的Mac拥趸。

苹果公司进入数字音频市场的举动,与其说是精心计划的策略,不如说是一个巧合。1999年,乔布斯注意到一项由苹果公司发明的技术——火线(Firewire),该技术传输数据的速度比当时的标准技术更快。苹果公司计划利用这项技术来支持苹果数字中心战略,而Mac将成为苹果数字多媒体宇宙的核心。便携式MP3设备早在20世纪90年代中期就已进入市场。1999年,第一台可以储存1000首歌曲的MP3问世。当时,市面上的便携式数字音频设备种类数不胜数,但当用户在数千首歌曲中搜索时,大部分设备的用户界面都无法很好地适配。此外,因为这些设备都是独立运行的,所以需要通过电脑来将音乐从CD拷贝至设备中，而从CD拷贝数千首歌可能需要花费数小时。1999年底，音乐行业与Napster这类非法文件分享网站之间的纠纷让数字音乐成了人们瞩目的焦点。

乔布斯意识到，数字音乐可以成为苹果数字中心战略的切入口。苹果公司凭借自身在硬件整合、用户界面技术、工业设计和内部火线技术方面的核心竞争力，研发了一款小巧的MP3产品，其尺寸只有一盒名片那么大，并且通过Mac将CD上的音乐拷贝进去只需要短短几分钟。该产品采用的滚轮式用户界面设计，用户能更加便捷地从音乐库中寻找歌曲。此外，苹果公司还加入了数字版权管理技术，允许大型唱片公司在iTunes上提供歌曲下载服务，将设备变成了小小的分销终端。可以说，这款产品为"把1000首你喜爱的歌曲放进口袋里随身携带"这一价值主张提供了一套完整的解决方案。苹果将这款MP3设备命名为iPod，它也成了公司数字中心战略的一个入口。2001年11月，苹果公司正式发布iPod。2002年，苹果公司对iPod做出了多项改进，还使其兼容了Windows操作系统。2003年，iPod的销量开始快速上涨，这标志着苹果在成为一家成熟的数字融合公司的道路上进入了新的增长阶段。

2004年，乔布斯决定开发一款没有按键、只有屏幕的手机。这款手机将iPod和个人电脑的功能结合在一起，人们可以在这款手机上打电话、听音乐、玩游戏、收发电子邮件和管理信息。这种将手机与个人电脑结合，再加上触摸屏幕用户界面的概念最初是由 IBM 工程师小弗兰克·卡诺瓦（Frank Canova）在 1992 年提出的，他还申请了专利并制作了原型。但直到十五年后，技术和通信基础设施的发展才使得这一概念成为现实。对于乔布斯而言，要研发自己设想的手机有两条路：一条路是以 iPod 为基础进行扩展，因为从 2005 年开始，苹果公司的最新款 iPod 设备就已经能够播放电影、电视节目和音乐视频，所以向上的路径就是扩展 iPod 的系统，使其能够完成数据（包括声音）交换和计算；另一条路则是把 iMac 缩小，变成一款更像手机（具备声音和数据交换能力）的产品，并将 iPod 的功能加入其中。乔布斯把开发他想象中手机的任务分别交给了 iPod 和 Mac 的团队。

苹果公司一直对多点触控技术非常感兴趣，并且一直与开发了多种多点触控技术的 Fingerworks 公司合作，合作包括 Touchstream 键盘和 iGesture 平板。2005 年，苹果公司收购了 Fingerworks 公司及其掌握的多点触控技术。Mac 团队成功开发出融合了多点触控技术的 iOS 操作系统，创造出了第一代 iPhone，并于 2007 年 6 月发布。拥有独特的触摸屏幕和流线型设计的 iPhone 一经发布便吸引来了众多目光。因为 iOS 操作系统源自麦金塔电脑的 OS X 操作系统，所以其在邮件管理能力、网络访问、短信发送、地址簿、日历、相机和许多个人数字助手功能方面都拥有强大的效率。苹果公司还在一段时间内与AT&T进行了独家合作，这一合作促使AT&T大力推广iPhone，帮助苹果公司在早已拥挤不堪的美国手机市场站稳了脚跟。一年后，苹果公司发布了速度更快、能安装第三方应用的iPhone 3G。最初，乔布斯并不打算让第三方开发者开发iOS原生应用，但来自开发者的抱怨使他改变了想法。苹果公司在2008年3月6日发布了一款软件开发工具包，并且免费提供给所有Mac用户。开发者只要订阅苹果开发者计划，就能获得技术支持，通过App Store（苹果商店）对应用进行测试并发行。苹果会审核App Store上架的每一款应用，并按照零售价格的30%收取费用。之后，苹果发布了软件包iPhone 2.0，允许iPhone和iPod用户通过App Store安装手机应用。iPod庞大的用户群体吸引了众多应用开发者为iOS平台开发游戏和其他应用。

2008年，许多智能手机生产商都带着他们生产的触屏手机冲入市场，希望与iPhone一较高下。这些手机中的大部分都搭载有诺基亚的塞班系统或微软的Windows Mobile操作系统。2003年，Windows Mobile操作系统已经开始向智能手机生产商颁发授权，之后其市场占有率稳步提升，并在2007年达到42%的峰值。一直到2008年，智能手机比拼的都是自身的设计和随机自带的应用，原本塞班系统和Windows Mobile操作系统都将第三方开发者拒之门外，在看到苹果公司允许用户通过 App Store 安装手机应用后，诺基亚和微软转而效仿其做法。但是，塞班系统的软件开发工具包难用且昂贵，让众多小开发者望而却步。微软虽然免费提供附带技术支持的软件开发工具包，并在 2009 年开放了 Windows 操作系统手机软件商店（Windows Market Place for Mobile），但 Windows Mobile 操作系统的用户从 2008 年开始不断转向安卓系统，导致微软的市场势头逐渐减弱，最终没能打造出足够多的手机应用。2008 年，智能手机品类的关键属性的驱动因素变为了手机应用的数量和操作系统的能力，而不是触摸屏。相比于其他运行塞班系统或 Windows Mobile 操作系统的智能手机，利用了 iPod 和 Mac 生态系统环境的 iPhone 拥有更强的关键属性。

安卓系统公司创立于 2003 年，其最初的愿景是为数码相机开发一款先进的操作系统。后来，产品团队转变重心，希望为手机提供一款能够与塞班系统和 Windows Mobile 操作系统竞争的操作系统。之后，安卓系统公司陷入财务困境，并在 2005 年被谷歌收购。谷歌的愿景是，在每个人都拥有一台智能手机的时代，安卓系统可以成为其广告业务的新平台。早期的安卓系统原型机拥有实体 QWERT 键盘，但 iPhone 的成功让谷歌将安卓公司的重点转向了触摸屏幕。同时，安卓系统还是一款免费开源软件，其源代码被称为安卓系统开源项目（Android

Open Source Project，AOSP）。这款软件带有相对宽松的自由软件许可，允许用户出于任何目的使用，包括分发、修改以及在许可证条款的范围内分发修改后的软件版本，且无须支付版税。谷歌免费为智能手机制造商提供支持触屏的安卓系统和谷歌移动服务（Google Mobile Services，GMS）。GMS包含Google Chrome等核心应用，并自2008年9月起将数字发行平台Google Play加入其中。谷歌还为第三方提供安卓系统的软件开发工具包，帮他们开发可从Google Play上下载的手机应用。由于第三方难以在塞班系统上开发移动应用程序，加上Windows Mobile操作系统每份售价25美元而安卓系统可以免费使用，所以许多使用塞班系统或Windows Mobile操作系统的智能手机制造商在发布新机型时都转向了安卓系统。Windows Mobile操作系统的市场份额从2008年开始急剧缩水，到2011年，其市场占有率已经跌至3%。Windows Phone取而代之，之后又于2017年停产。塞班系统的市场占有率在2008年为52%，到2015年已经跌至0.1%。随着安卓系统吸引来越来越多的智能手机制造商，其附带的Google Play也成了一个充满吸引力的平台，众多手机应用开发者都在其上发行自己的产品。2020年，安卓系统和iOS已经成为移动操作系统的两大巨头，其中安卓系统的市场占有率为72%，iOS则为27%。苹果公司是唯一使用iOS的智能手机制造商，而安卓系统正为众多其他智能手机制造商所使用。

其间，诺基亚尝试过对塞班系统进行改进，还转向生产 Windows Phone，但最终都没能夺回市场地位。2013 年，诺基亚将移动和设备部门出售给了微软。摩托罗拉在 2008 年转向安卓系统，以替代其曾经使用的塞班系统和 Windows Mobile 操作系统。2011 年 1 月，摩托罗拉一分为二，分为摩托罗拉系统公司和摩托罗拉移动公司。摩托罗拉系统公司是原摩托罗拉的继承者，摩托罗拉移动公司则由原公司的手机业务部门拆分而成。2011 年 8 月，摩托罗拉移动公司被出售给谷歌。在 iPhone 3G 问世前一年的 2007 年，世界手机市场的主导者分别是诺基亚（37.8%）、摩托罗拉（14.3%）和三星（13.4%）。iPhone 3G 和安卓手机的出现创造了新的智能手机品类，彻底颠覆了手机市场。诺基亚和摩托罗拉无法适应这一变化，最终只能出售自己的手机业务。三星是唯一成功度过这一拐点的大型手机制造商，并且如今已经成为全世界最大的智能手机制造商。

三星一直同时使用包括塞班系统、Windows Mobile 和自研操作系统在内的多种操作系统。2013 年，三星放弃了所有其他系统，专注于使用安卓系统，并在同年发布了有望与 iPhone 展开竞争的盖乐世系列高端安卓系统智能手机。安卓系统的关键类别属性与 iOS 不相上下，因此，盖乐世系列在用户需求属性和触摸屏上同 iPhone

展开了竞争。三星电子（Samsung Electronics）能够生产半导体、电池、摄像头模组、画面传感器和LTD显示屏，并向苹果、索尼和诺基亚等竞争者出售，所以苹果在iPhone上取得的成功同样能令三星获益。当诺基亚和摩托罗拉抵御来势汹汹的iPhone并在财务上苦苦挣扎时，三星电子却能从iPhone的成功中获益，并为了适应新的竞争环境而投资。三星擅于管理多条产品线，在满足特定客户群体需求的同时，令自身具备差异化能力，而iPhone则只有屈指可数的几款产品。盖乐世系列的定价也略低于iPhone，并且在美国之外的国家和地区更受欢迎。2010年，中国成为世界第二大经济体，许多在中国使用安卓系统的智能手机制造商都成了智能手机市场的主要参与者。

随着越来越多的人将智能手机当作随身携带的个人设备，智能手机也成了支撑我们日常生活的通信基础设施的一部分。以这种新通信基础设施为基础，全新的从0到1的产品创新从21世纪第一个十年末开始逐渐涌现，比如共享经济（如优步、爱彼迎、共享单车）和在线服务（如DoorDash、Intracart）。21世纪第二个十年初期，美国电信行业完成了从3G到4G的升级，进一步助推这类创新的发展，新的生态系统也随之应运而生。这些生态系统不属于智能手机生态系统，但与智能手机生态系统有着积极的网络效应。新的生态系统促进了新价值主张的生成，而新价值主张的传递则依赖智能手机，将其作为其通信基础设施的一部分。

微信

腾讯于 1999 年推出了免费 QQ 服务，并在短短的 9 个月内获得了 100 万用户。根据预测，这款软件的用户将呈指数型增长，但问题在于如何盈利。在那个时期，中小企业还不愿意为横幅广告支付太多费用。恰逢互联网泡沫第一次破裂，大公司也在纷纷缩减线上广告预算。结果就是，QQ 横幅广告获得的收益无法为其用户增长提供足够的经济支持。这时，腾讯推出了会员订阅模式，QQ 用户只要每年支付 12~20 美元就能获得定制 QQ 头像和无广告对话框等高级增值服务。但这种模式失败了，因为增值服务没能吸引足够多的用户。当时，腾讯也没有允许用户便捷转账的在线支付系统，烦琐的操作导致许多用户不愿注册。

2000 年 11 月，中国最大的无线运营商中国移动推出了其数据应用服务平台——移动梦网。这个平台在移动设备和互联网之间架起了桥梁，使得手机用户可以充分利用互联网提供的内容。用户可以在移动梦网上向腾讯这样的服务供应商购买服务，费用则会从话费账单中一并扣除。之后，中国移动将 70% 的服务费用交给服务供应商。移动梦网不仅将用户的手机从普通的通信工具变成了强大的集成信息终端，还将腾讯和新浪等众多互联网公司从悬崖边缘救了回来。有了移动梦网这个可靠的支付渠道，腾讯获得了扩展其即时通信服务的机会。通过中国移动的支付系统，腾讯的无线增值服务在 2001 年底获得了 150 万美元净利润。这为腾讯对 QQ 服务的投资和推广提供了极大助力。

2002 年 3 月，QQ 注册用户账号数量突破 1 亿，但腾讯的大部分收入依然来自无线增值服务。此时，中国移动开始降低给服务供应商的分成，这就迫使腾讯的管理团队寻找方法来减少对中国移动的依赖。为了在获取收入时不再受制于人，也为了使支付过程更加简便、安全和快捷，腾讯在 2002 年 5 月推出了虚拟货币系统——Q 币。虽然是虚拟货币，但 Q 币与人民币的兑换比率被固定为 1∶1。用户可以通过手机话费充值、网上银行支付系统或从便利店购买礼品卡等方式来购买 Q 币。有了 Q 币，用户就能直接在线购买与 QQ 相关的产品和服务。借助 QQ 的强大人气，Q 币一经推出便被在线商店和游戏网站的用户广泛接受。它甚至成为现实世界商品的交换媒介，因为人们可以在在线游戏网站上花费 Q 币并在现实世界中收到礼物。

Q 币支付系统奠定了腾讯售卖虚拟物品的商业模式，并为腾讯的扩张提供了基础。随着 Q 币系统的建立，腾讯下一步要做的就是将 Q 币整合到旗下的每一款产品和服务之中。为了充分利用海量的用户群体，腾讯决定将重点放在不断增长的微交易上，因为"聚沙成塔"。QQ秀就是其中之一。

QQ秀是QQ的一个虚拟形象设计系统。每个QQ用户都会获得一个只穿有内衣的虚拟卡通人物形象，之后，用户可以使用Q币从QQ秀商城购买虚拟服装、小饰品甚至是背景样式来装扮自己的虚拟形象，这些形象则会出现在即时通信的聊天窗口、聊天室和QQ公告栏上。令人惊讶的是，QQ秀在QQ庞大的用户群体中非常火爆，因为这些用户大多是天生具有强烈自我意识的学生和年轻的专业人士。确实，没人会希望自己的虚拟形象是个只穿内衣的小人。QQ秀很快进化为一种虚拟生活方式，追求时尚的用户热衷于为他们的虚拟形象尝试不同的虚拟商品。这些虚拟商品的价格从0.5元到1元不等，为虚拟形象置办一整套服装并不需要太高费用。这些小额交易为腾讯提供了持续的收入来源。直到今天，腾讯超过70%的总利润依然来自虚拟商品和游戏微交易。

此外，腾讯还推出了一系列娱乐服务，如QQ宠物、QQ约会、QQ空间和QQ游戏。腾讯希望借由这种方式，尽量将现实生活元素带入他们为用户创造的虚拟世界中。2010年，QQ的月活跃用户数量已经达到6.5亿，腾讯的营收达到了20亿美元，市值则达到了320亿美元。

凭借6.5亿的QQ月活跃用户，腾讯开始采取一种策略，即利用其用户获取成本为零的优势，复制一切成功的互联网业务，碾压所有互联网初创公司。自 2010 年起，腾讯的公众形象逐渐恶化，许多人认为这家公司反对创新，是全民公敌。随着腾讯的发展壮大，腾讯内部分成了众多事业群，不同的事业群负责特定的业务。内部政策的调整导致公司对外部变化反应迟缓。2010 年末，移动化趋势不断发展，但 QQ 向移动端的迁移不太成功。腾讯开始为自身的未来感到担忧。此时，腾讯正在面临一个拐点。

腾讯高层管理人员开始分析公司所面临的问题，希望为公司的未来找到新的道路。之后，许多行业顶尖人才加入这一内部变革。经过一系列激烈的头脑风暴和持续的探索迭代，他们得出了一个结论：需要改变思维模式。腾讯不应该抄袭他人的成功，而是应该鼓励内部创业，培育自己的生态系统，压制办公室政治，鼓励内部合作。并且，公司应该承担更多预测风险。这种思维的转变影响了 QQ 向移动端的迁移，从而改变了整个公司。

张小龙是中国知名的计算机程序员和产品经理。2011 年，他创立的免费电子邮件客户端 Foxmail 在中国市场拥有 32.92% 的市场占有率。2005 年，Foxmail 被腾讯收购，张小龙也被任命为腾讯广州研发中心的负责人。2010 年末，张小龙带领由十名开发者组成的团队，开始研发一款智能手机通信应用软件。他的灵感来自 Kik Messenger（一款聊天软件），但他担心这款应用软件最终可能会对 QQ 构成威胁。当时腾讯的移动互联网事业群正在开发移动版QQ。按照腾讯的传统，其他事业群都不会再进行这方面的工作，因为这项工作属于移动互联网事业群。即使其他团队做出了类似的原型，最终被选中的也只会是由移动互联网事业群开发的产品。

依照在高管会议上做出的转型决定，腾讯首席执行官马化腾决定对腾讯内部的所有事业群开放这次机会，通过不同团队的竞争来选出移动版QQ原型。当时共有三款原型参与竞争，其中就包括张小龙开发的那一款，最终将由马化腾拍板。拥有产品经理背景，还自称"首席经验官"的马化腾将根据对产品的直观印象做出决定。为此，他设计了一种半睡眠测试，即在自己处于半睡半醒状态时使用产品。能顺利使用的产品，就能通过测试。最终，张小龙的产品通过了测试。马化腾最终选择了张小龙的产品，并将其更名为微信。他认为选择张小龙的产品会存在一些风险，因为张小龙属于研发中心，而不是产品开发的一线人员，但他相信自己的判断，并认为微信的直观性能够吸引所有年龄段的用户。

马化腾是对的。微信很快就吸引了超过1000万用户，其中有年幼的孩子，也有年长的老人。当时市场上还有许多相似的产品，比如米聊（来自小米公司）、陌陌和Talkbox。腾讯具备的内部云基础设施优势令其能够扩大微信的服务容量，而米聊等产品在达到100万活跃用户后都遭遇了系统崩溃等问题。

微信的增长是有机的，先是QQ用户向微信迁移，之后微信的直观性令其被所有人接受。微信最初只有简单的信息服务，渐渐地，越来越多的功能被键入进来，进而创造出一个融合了各种双边市场的社交网络范例：它的一部分类似脸书，一部分类似照片墙（Instagram），甚至还有一些类似对讲机的功能。用户不仅能发送手机短信和图片，还能按住按钮录制一段语音信息。只用了不到两年，微信的日活跃用户就达到了接近3亿。

微信拥有每家互联网公司高管都梦寐以求的东西——用户黏性。微信的用户日均使用时长为90分钟，相比之下，脸书只有38分钟。随着活跃用户量的不断增长，微信发布了新功能，将自己变成了全世界最大的独立移动应用平台。2013年，腾讯与自有银行合作，推出了微信支付功能，让用户能够通过手机完成账单支付、日常购物等日常事务。同时，微信还对自身特性进行了扩展，允许用户注册官方账号，即公众号。注册公众号的用户能向订阅者推送消息，和订阅者进行互动并向其提供服务。至2014年底，微信公众号的数量已经达到了800万。公众号能够充当服务平台，提供医院挂号、签证续签或信用卡服务等多种服务，微信也借此机会进化为一个服务平台。此外，微信还推出了包含虚拟物品购买功能的免费手机游戏，作为一种只有很少广告，甚至没有广告的盈利业务。

2014年春节期间，微信推出了虚拟红包功能。派发红包一向是中国的传统，亲朋好友会在过年期间互相赠送装有现金的红色纸包，俗称"压岁钱"。这项功能允许用户向联系人或群组发送现金作为礼物。在向群组派发时，现金可以平均分配给每个成员，也可以随机派发。该功能在新年期间通过电视宣传推出。在节目播放期间，观众只要按照广告说明摇晃他们的手机，就有机会赢得赞助商提供的红包现金奖励。红包功能推出后，微信支付的用户群体快速扩大。据《华尔街日报》统计，这项功能推出后的24小时内，用户就发送了超过1600万个红包。发布一个月后，微信支付的用户群从3000万增长到1亿，整个春节假期，人们发送了2000万个红包。2016年春节期间，32亿个红包被送出。仅除夕夜当晚，被送出的红包就有409000个。这使微信成了移动支付行业的主要参与者。

2016年，微信企业版发布。这款应用软件设计的目的是帮助员工将工作和私生活区分开来。除了常用的聊天功能，公司和员工还能在程序中记录年假天数和需要报销的费用，员工也可以在程序内请假或是打卡以证明自己正在工作。

2017年，微信发布小程序功能。小程序就是应用内的应用，企业主可以利用小程序在微信系统内创建迷你应用。凭借庞大的活跃用户基础，这项功能吸引了许多从0到1的移动互联网公司加入"微信互联网"生态系统，包括电商企业〔如京东、拼多多、云集、Weee（美国的线上中国杂货销售网站）]、搜索企业（如搜狗）、新闻和小说企业（如趣头条、阅文）、广告企业（如微盟）、出行企业（如滴滴、摩拜）、金融科技企业（如微众银行），等等。其中有许多独角兽公司，部分还获得了腾讯的投资支持。

微信从 QQ 进化而来，最终成为通信和支付基础设施的一部分。这吸引了越来越多的创业者以微信为基础，开发从 0 到 1 的业务。2018 年 1 月，微信宣布小程序的数量达到了创纪录的 58 万个，微信也借此成为全世界极大的独立业务开发平台之一。微信小程序中每一项业务创造的生态系统都不属于微信生态系统，但都与微信生态系统形成了积极的网络效应。这些新生态系统所推动的新价值主张的传递都依赖微信，将其作为通信和支付基础设施的一部分。

台积电

20 世纪 80 年代末，半导体行业经历了垂直整合。半导体公司指的是集成器件制造（IDM）公司，它们拥有并经营自己的硅晶圆制造设施。许多大型计算机和电子公司就是研发出自有工艺技术，能够自主生产芯片和集成电路设备的 IDM 厂商。这些企业也会封装和测试自己的芯片和集成电路设备。因为硅晶圆生产是高度资本密集型产业，所以对于小公司和初创企业而言，半导体生产工艺存在着

第八章 从优秀到伟大

极高的市场壁垒。IDM厂商会为了满足高峰需求而提高产能，因此在低需求期会出现产能过剩的情况。如何通过管理过剩产能来提高设备投资的投资回报率就成了IDM厂商的重要考量。他们发现，可以通过向没有制造设施的小型电子公司提供制造和封装服务来"出售"过剩产能。IDM厂商之间偶尔也会相互"交叉销售"过剩产能来优化过剩产能管理。这就是早期的共享经济模式。

半导体行业在20世纪70年代末至80年代初快速发展，这也推动了IDM厂商和其过剩产能的增长。于是，利用这些过剩产能的无晶圆制造行业开始兴起。许多资深工程师离开原先的公司，创办自己的无晶圆半导体公司。他们会专注于产品设计，而将设备生产交给IDM厂商。但这种商业模式存在一些问题。对于IDM厂商而言，向无晶圆客户出售过剩产能只是一种次要业务，向客户提供的服务也都被摆在次要位置，交付时间几乎无法保障，也没有客户支持。客户能够使用的设计、开发流程和可用技术都只能由IDM厂商指定，这些初创公司还会遇到一些知识产权保护问题。不过，对于不想在硅片制造设施上投入巨资的初创电子公司而言，这是唯一的解决方案。这些公司虽然对这些服务颇有怨言，但还是不得不忍受这些缺点。

张忠谋曾在IDM厂商德州仪器工作过25年，参与过先进半导体设计和生产流程。在德州仪器期间，他曾参与过一个晶体管项目，当时的产品是由IBM公司生产的。

20世纪80年代早期,他和许多离开原公司创办自己的无晶圆半导体公司的顶尖工程师都有交流,所以非常清楚IDM厂商提供的服务多么有限,也了解无晶圆半导体公司的痛点所在。1985年,他接受台湾地区有关部门聘请,出任政府资助的研究机构工业技术研究院(ITRI)主席兼院长。这家机构创立的目的是推动台湾地区的工业和技术发展。为了帮助台湾进入半导体行业,张忠谋在ITRI园区内建立了一家半导体晶圆制造厂。这家工厂后来成为他在1987年创立的台积电的第一家晶圆制造厂。台积电的创立资金来自台湾地区有关部门、荷兰科技巨头飞利浦和其他一些投资人。张忠谋担任台积电的主席和首席执行官,他的愿景是发展一种纯粹的代工商业模式:只专注于为无晶圆半导体公司提供生产、测试和封装服务。

第一家台积电制造厂落后于当时的IDM厂商两个工艺节点,但通过抓住无晶圆半导体公司的痛点和更低的服务价格,台积电还是设法在技术落后的情况下吸引来了客户。20世纪80年代,许多华裔工程师就职于硅谷的半导体公司。他们中的许多人出生于台湾,到美国攻读高等学位,后来成为美国公民。他们身处硅谷的高科技圈子,并与该地区的科技公司建立了人脉关系。看到在台湾专门提供制造服务的台积电和当地低廉的劳动力成本后,他们中的许多人看到了回台湾创立无晶圆半导体公司,设计电子设备并赶上硅谷的IT产业浪潮的机会,还有一些就职于美国 IDM 厂商的华裔高级工程师也想回到台湾并决定加入台积电，以进一步拓宽他们的职业道路。尽管创立初期的台积电在工艺曲线方面落后，但这种反向人才流动帮助他们确立了自身的早期地位。

在四五年的时间里，台积电迎头赶上。此时它只有一个工艺节点落后，订单也开始增多。除了推动技术发展和扩大产能，台积电还通过整合新功能、推出新服务来帮助客户缩短设计周期，加快产品的上市时间，例如开放了许多 IP 块（一种可重复使用的逻辑、单元或芯片布局设计）来帮助客户缩短设计周期。这些 IP 块是由被称作 IP 供应商的第三方开发的，而这些 IP 供应商就像个人电脑和智能手机的第三方软件开发商。台积电鼓励第三方 IP 供应商参与台积电工艺节点路线图，在工艺节点可用之前就为其开发 IP 块。随着台积电在工艺节点上不断取得进步，这些 IP 块也成了新设计的首选。

十年内，台积电赶上了其他 IDM 厂商的工艺节点。台积电和无晶圆半导体公司的交叉网络效应颠覆了半导体设计和制造行业。新的纯晶圆代工厂开始进入市场，但台积电凭借超过 50% 的市场份额稳坐行业老大的位置。一些效率低下的 IDM 厂商无法继续扩张，还有许多厂商将生产转移给了台积电。台积电则继续投资于技术发展、产能扩大、工艺库大型套件的开发以及能帮助客户缩短设计周期的 IP 块的设计。

2014年，台积电已经凭借高性能和低功耗成为晶圆制造行业的龙头。2018年4月，台积电成为半导体行业内第一家大规模生产7纳米节点产品的企业，而三星七年后才突破7纳米节点，英特尔则计划在2021年掌握这项工艺。半导体工艺节点是智能手机类别属性的关键驱动因素之一，台积电在工艺节点技术上的领先地位吸引了苹果和高通等智能手机行业巨头。这些企业纷纷将芯片生产订单交给台积电，以维持自身的市场主导地位。

产品从很酷到伟大的旅程

这趟旅程的起点是开发能够支撑价值主张、帮助生态系统内所有成员获得净利润的强健生态系统，从0到1将一款能够抓住人们兴奋点的很酷的产品变成优秀的产品，接着通过从1到N的线性扩张来壮大产品生态系统，巩固优秀的产品的市场地位，等待并抓住合适的机遇，最终完成从优秀到伟大的突破。一款优秀的产品能让他人以该产品为基础进行从0到1的产品创新，并开发新的生态系统。这些新的生态系统不属于产品的生态系统，但与产品的生态系统有积极的网络效应。虽然为他人提供开发新生态系统的机会可能无法因提供产品而直接获益，但新生态系统和产品的生态系统间的交叉网络效应能够延长产品品类的生命周期，驱动产品品类的可持续成长。因此，要将优秀的产品变为伟大的产品，产品经理必须允许他人从公

第八章 从优秀到伟大

司产品的成功中获益,而不是将所有利益紧抓在公司手里不放。我们来仔细回顾一下上述三个案例中的产品历程,探索思维模式是如何在将优秀的产品变为伟大的产品的过程中扮演关键角色的。

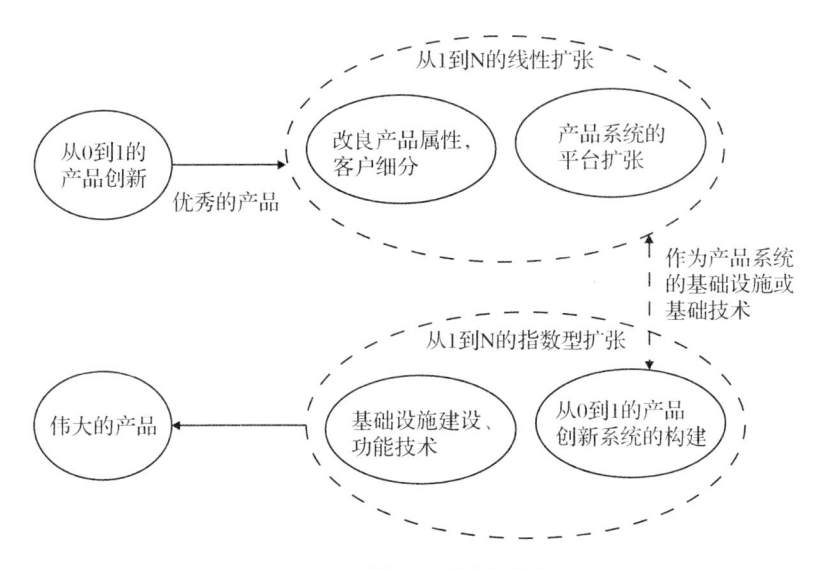

图 8-1 从优秀到伟大的旅程

从表面来看,iPhone 是一款与麦金塔电脑不同的产品。iPhone 属于智能手机品类,而麦金塔电脑属于个人电脑,但只要仔细审视产品历史就能发现,iPhone 是麦金塔电脑从 1 到 N 的扩张的成果,只不过并非第七章中探讨的从 1 到 N 的线性扩张。苹果公司将麦金塔电脑从优秀变为伟大的旅程中充满了各种反转曲折。

麦金塔电脑先输给 IBM PC，后败于 Windows—英特尔个人电脑，苹果公司被迫暂时后退，围绕设计和软硬件集成、多媒体软件和用户界面技术打造自身的核心竞争力，以求在细分高端市场固牢防守位置。随着手机品类进化为智能手机品类，手机变身为一台手持迷你个人电脑。因此，操作系统就成了智能手机品类的关键属性。乔布斯看到了这个机会，他利用苹果公司在设计、用户界面技术、操作系统和软硬件集成方面的竞争力成功发布 iPhone，很快确立了在智能手机品类中的强势地位。允许第三方应用运行在 iPhone 上就是将其转变为伟大的产品的关键决策。乔布斯对封闭系统有着强烈的执念，他也许吸取了麦金塔电脑失败的教训，又遇到了第三方移动应用开发者的强烈抵制，这些带给他的影响促使他最终决定将 iPhone 半开放，并提供支持帮助第三方为 iOS 开发移动应用软件。同时，苹果也通过 App Store 发布自己的移动应用程序。其他智能手机制造商不是软件公司，开发操作系统并非他们的强项，所以他们无法及时应变，但微软和谷歌都是为智能手机制造商提供操作系统的软件公司。微软输给谷歌，是因为谷歌向所有智能手机免费提供安卓系统，而 Windows Mobile 操作系统却要收取每份 25 美元的费用。其背后的原因是，谷歌将安卓系统视作一种发展广告业务的方式，于是决定免费提供，而微软则将 Windows Mobile 操作系统当成了一款能够产生收入的产品。

第八章 从优秀到伟大

谷歌向智能手机制造商免费提供安卓系统，帮助智能手机品类走遍全世界。当一个地区的多数居民都拥有智能手机后，当地的通信基础设施就被升级到了新的水平。许多创业者会以新通信基础设施为基础，利用已在当地普及的智能手机展开从 0 到 1 的产品创新。他们会进行跨时代的创造性模仿，用新的价值主张取代旧的价值主张。因此，智能手机成了一款伟大的产品。

腾讯在将优秀的产品变为伟大的产品的旅程中走了一条不同的道路。与麦金塔电脑不同，QQ 成功霸占了中国的即时通信市场。与此同时，腾讯形成了一套打造腾讯 QQ 帝国的思维：利用 QQ 庞大的用户基础，复制并碾压一切取得成功的互联网初创公司。结果，腾讯被视作头号全民公敌，随着曾经充当通信网络终端设备的个人电脑逐渐被智能手机取代，腾讯开始陷入迷茫。在面临拐点时，腾讯管理层深刻反省，转变了自身思维，决定从"赢家通吃，统治市场"转变为"培育生态系统成员，互利共赢"。微信之所以被选中，并非因为其产品功能或开发团队的经验，而是基于其易用性和全年龄人群的用户体验。随着移动支付的加入，加上在中国，微信普及到了包括老人和孩子在内的每个人，中国的通信和支付基础设施完成了升级，这给了中国创业者进行从 0 到 1 创新的机会，从而在中国创造出了各式各样的移动商务业务。因此，微信成了一款伟大的产品。

OEM这种发展模式一直为包括台湾地区在内的发展中国家和地区的许多行业所采用。产品公司会将生产外包给发展中国家和地区的OEM公司，利用其低廉的劳动力来降低生产成本。初创时的台积电落后IDM厂商两个工艺节点，其当时的做法就类似OEM模式。这意味着从一开始，其思维就是被动帮助无晶圆半导体公司取得成功。台积电艰难地在IDM厂商的过剩产能市场中竞争并稳固自身地位，靠的不是最先进的技术，而是通过为客户提供服务来帮助自身降低设计周期，缩短产品上市时间。在赶上IDM厂商的工艺节点后，台积电的纯晶圆代工厂模式彻底取代了IDM厂商的过剩产能模式，成了众多无晶圆制造公司的首选平台。随着台积电的业务逐渐取代了IDM厂商的过剩产能业务，一些IDM厂商逐渐陷入财务困境。因此，IDM厂商的过剩产能业务不仅被台积电取代，许多IDM厂商还因为没能扩张，反而成了台积电的客户。随之而来的正反馈进一步推动了台积电利润的增长和其生态系统的扩张。

台积电又继续将利润用于投资，推进工艺节点技术的发展。到2014年，台积电已经凭借其高性能、低功耗的应用成了晶圆代工厂行业的领军者，向所有大型智能手机制造商提供最先进的技术，帮助他们生产最新型号的产品来维持自身的市场主导地位。如果台积电能维持自身的技术领先地位，同时坚持开放代工厂的模式，那么众多先进的从 0 到 1 的技术产品开发者都会依靠台积电提供的最新技术来生产自己的先进产品，如高级人工智能芯片和智能物联网设备。台积电从被动帮助无晶圆半导体公司降低关键组件生产成本转变为主动助推它们在从 0 到 1 的下游产品创新中取得成功，其工厂提供的服务也由此从优秀进化为伟大。

讨论问题：

1. iPhone 颠覆智能手机行业依靠的不是在产品类别属性方面的竞争，而是构建和扩张自身产品的生态系统。哪些与产品有关的结构因素促使其创造了一个繁荣的生态系统？三星为了实现相同的转变，做出过哪些尝试？成功了吗？成功或失败背后的原因是什么？

2. 在四大手机生产商中，只有三星成功度过了拐点。你能解释背后的原因吗？三星是否采取过与遇到拐点前不同的做法？

3. 谷歌开发游戏在 iPhone 和 Google Play 上的销售与优步在 iPhone 和 Google Play 上开发商业模式之间有什么区别？如果智能手机在一个地区的普及率是 10%，会有人在智能手机的基础上开发地区性业务吗？推动共享经济出现的关键驱动因素是什么？

4. 在你看来，对于腾讯打造产品生态系统而言，影响最大的关键决定是什么？脸书为何没能通过自己的产品实现这一目标？在通过数字产品供应构建生态系统和提高用户黏性方面，企业可以获得哪些启示？

5. 微信成为伟大的产品的关键驱动因素是什么？获得市场主导地位的产品是否就是伟大的产品？

6. 台积电在成立初期采用的商业模式与如今的商业模式有何不同？

7. 公司注重在产品生态系统中取得双赢的例子还有哪些？在如今的时代思潮下，特斯拉正在电动汽车市场中掀起风暴，但它将很多技术和基础设施攥在了自己手里（如自动驾驶技术、超级充电站技术、电池技术等）。你认为特斯拉能凭借这一策略成为市场的主导者吗？为什么？你认为特斯拉应该怎么做？

第九章

永不言败

我有一个好朋友是得克萨斯大学奥斯汀分校的经济学教授，他曾在我们共进晚餐时讲了一个有趣的故事。一天，他在大学书店找新书时碰见了一名自己经济学课上的新生。他不记得这名学生叫什么，但能清晰地记起学生在课堂上的表现。他问学生有没有适应大学生活，学生回答说自己适应得很好，但决定明年退学。我的朋友听了十分震惊，连忙问对方是不是对学校有什么不满。学生告诉教授，自己喜欢这所大学，也很爱这里的生活，而退学是自己深思熟虑后做出的决定。学生说在这一年里，有很多同学请自己帮忙组装个人电脑，起初只是帮帮朋友，赚点零花钱，而当这样的请求越来越多时，自己开始察觉到这是个不容错过的商业机会。思考再三，学生决定离开自己喜爱的大学和大学生活。听完学生的解释，我的朋友感觉这孩子太冲动了，担心其可能做出影响未来的错误决定。作为一名教授，他认为自己有义务为这名学生的学业和事业发展提出建议。于是他告诉学生，个人电脑行业已经挤满了很多像IBM、康柏、苹果和惠普那样的大公司，能从朋友那里接到几单生意是件好事，但因此退学去投身个人电脑市场可就太冒险了。我的朋友试着劝学生改变想法，继续完成大学学业，学生对他好心的建议表示了感谢，但依然决定追寻心之所向：提前结束本科学业，开启自己的个人电脑事业。后来，我的朋友知道了那天与他交谈的学生是迈克尔·戴尔（Michael Dell）——戴尔公司的创始人。

施乐公司（Xerox）借助对专利的保护垄断了复印机市场很长时间。当美国司法部强制施乐公司放弃专利保护后，IBM公司和柯达公司（Kodak）就带着与施乐公司相似的产品和营销方式进入了复印机市场。这两家公司虽然在产品上略胜一筹，也在营销上下足了功夫，但还是没能从施乐公司手中抢来多少市场份额。之后，一家日本小公司靠着一种截然不同的产品和全新的营销方式进入了复印机市场，成功地在短时间内抢占了很大的市场份额。

1978年之前，被管制的美国航空业只有少数航空公司能提供全球航线，许多州内航空公司仅能提供某一州内的航线。管制撤销后，所有航空公司都不再受地区限制，可以自由竞争。美国航空公司与联合航空公司在管制撤销前都是国际航空公司，且已经建立了较为完善的基础设施，能够有力地支撑起覆盖大部分美国城市的全套服务和众多航线。两家公司因此受益，迅速成为美国航空业的中坚力量。其他所有拓展业务的州内航空公司都需要构建新的基础设施，才能支撑起新增的州外航线，它们就像是美国航空业的后来者。然而，大多数扩张全国业务的州内航空公司都失败了，只有美国西南航空公司发展成为获利颇丰的业界翘楚。

一款产品能够取得成功，说明其价值主张已经得到了众多消费者的认同。市场中的后来者要面对的主要风险不在于价值主张，而在于市场竞争。如果一个后来者能够管理好这种风险，那么它任何时候进入市场都不算迟。人们普遍认为，进入市场的后来者要是不想被在位企业的先发优势压倒，就必须有雄厚的财力和先进的科技作为支撑。可是，上述事例中的后来者在没有足够资金和高新技术的情况下，依然在巨头云集的市场中占据了一席之地。那么后来者要从何处取得优势呢？

想在竞争激烈的市场中找到属于后来者的机会，那么后来者就要先弄明白在位企业的实力源自哪里。在完全垄断市场中，单一主导企业创造的生态系统一定能使其超越对手，更高效地提升品类属性的关键驱动因素。这就是完全垄断市场中在位主导企业的真正实力。在寡头垄断市场中，各大企业在关键品类属性上必须有相似的价值成本比，还要在产品类别范围内，通过形成用户需求属性和非核心属性差异建立一定的市场地位。每家寡头垄断企业一定要创造出自己独有的生态系统，才能在子产品类别中站稳脚跟。这就是寡头垄断市场中各家在位企业的真正实力。

如果后来者进入市场后想与某在位大企业正面竞争，那么它就要建立起类似于该企业的生态系统。而在位企业对自己生态系统的持续改进和强化，会使后来者望尘莫及。

对于一家成熟的企业来说，其主要生态系统十分稳固，很难变动。不过，在位企业的生态系统越强大，反而越难以有效压制后来者推出的与之对抗的产品。这里就藏着属于后来者的优势。后来者若想成功进入一个拥挤的市场，它需要用好金融和技术工具来开发这一优势。

在价值主张上求变：逆向思维

为了构建与在位企业相对的生态系统，后来者可以使用逆向思维来创造一个在位企业价值主张的变体，不要走那些所谓"正常、合理"的路，试着打破常规，另辟蹊径。当众多在位企业都忙着通过优化生态系统进行从1到N的产品扩张，并以此维护自身的先发优势时，后来者完全可以利用上述方法挤进市场。以下几个案例说明了后来者应该如何运用逆向思维。

·复印机市场中的赛文（Savin）公司。1960年，施乐公司推出了它的第一台"干式"复印机——施乐914。这台庞然大物的重量约有648磅，售价高达29500美元。要知道，当时的"湿式"复印机一台只要400美元左右，而且都是通过传统的办公设备分销渠道销售的。施乐914与"湿式"复印机相比优势明显，可价格也要高出很多。于是施乐公司决定将目标客户定为需要大量制作和复制纸质文档的大公司，把复印机租赁给它们并按复印张数收费。另外，施乐公司还成立了一支专门的直销队伍来销售产品，以及一个维修工程师团队来维护机器。对于这群大客户来说，既然能享受到"干式"复印机带来的便利，体验到直销和维护队伍的贴心服务，那么每张复印件贵一些也不成问题。由于要满足大公司大量印制文件的需求，施乐公司不停地提升复印机的速度和性能，导致造出的机器越来越复杂且不可靠。为了能继续将这些复印机租赁给大公司，施乐公司对客户支持与服务做了进一步拓展。在短短的几年内，施乐公司就手握专利，主导了"干式"复印机的批量生产并垄断了市场。

1972年，美国联邦贸易委员会（Federal Trade Commission）提起反垄断诉讼，指控施乐公司非法垄断复印机市场。经过两年多的反垄断战争，施乐公司终于在1975年同意了开放专利保护。从此，其他公司有了进入复印机市场的机会。其中，最著名的两家公司是IBM和柯达。它们制造和租赁的产品与施乐类似，并且面向施乐的目标客户进行直销。它们试图以更有力的营销方式和更好的产品取胜，可最终谁也没有争取到可观的市场份额。

后来，一家名为"理光"（Ricoh）的小型日本公司动摇了施乐公司的主导地位。理光用一种不同的技术（并不比施乐的技术先进）制造出比施乐复印机更小、更简单的产品。与此同时，一家分销理光复印机的美国公司——赛文改变了施乐公司的商业策略：它不学施乐公司做直销，而是通过办公设备经销商分销复印机；不学施乐公司鼓吹

第九章 永不言败

服务，而是制造更小、更可靠的产品；不学施乐公司对外租赁，而是直接进行销售；不学施乐公司寻找大公司客户，而是吸引那些重视可靠性和成本，不太关心复印速度、机器性能和服务的中型企业。赛文公司的做法大获成功，使得其他日本公司也采用其策略进入市场。

不过，这些日本公司的成功并没有给施乐公司的财务带来多大影响。此外，施乐公司的高层管理者认为这些日本公司只是在利润率较低的低端市场中竞争，几乎完全忽视它们的存在。如此一来，这些公司就有了积累资本的机会，为占领低端市场后向高端市场进军奠定了基础。为了在低利润的生意中生存，它们还练就了高效设计和低成本生产的能力，而这也正好使它们在进军高端市场时有了成本优势。这些日本公司一向高端市场发起攻势，施乐公司的市场份额就开始迅速下降：1977年为65%，1978年为54%，1979年为49%，1980年为46%。

• 美国航空业中的西南航空公司。20 世纪 60 年代，美国航空公司和联合航空公司主导着美国航空业，它们有全方位的服务以及覆盖美国大部分城市的广泛航线网络。美国西南航空是 1966 年成立的一家通勤航空公司，服务于得克萨斯州的三个城市——达拉斯、休斯敦和圣安东尼奥。1971 年，该公司带着最基础的交通服务和最低的机票价格进入了商业航空界，并通过专注服务于得克萨斯州三个主要城市间的通勤者，进一步划分了商务旅行市场；

又通过不提供机上用餐、行李转运和预订服务，使旅客以低廉的价格享受三个城市间的便捷通勤。西南航空公司正是因为捕捉到了一部分旅客"服务齐全不如票价低"的心理，才制定了这个新策略。20世纪70—80年代，西南航空公司一直在向美国其他地区的细分市场扩张。它先将服务延伸至得克萨斯州的其他城市，然后向路易斯安那州、俄克拉何马州、亚利桑那州和新墨西哥州的一些城市扩张，最后覆盖到了加利福尼亚州和美国中西部的部分城市。当时，美国的其他所有航空公司为了能提供全国性服务，建设的都是枢纽辐射式航线网络系统，而西南航空公司则用点对点的网络系统支撑起了自己的全国廉价航线。1990年，西南航空公司发展成为一家拥有94架飞机、服务覆盖27座城市的大型航空公司。20世纪90年代中期，其他大型航空公司开始纷纷效仿其经营策略，例如联合航空公司于1994年设立了联合穿梭公司，在西海岸城市间提供航空服务。但是，西南航空公司依然稳占廉价细分市场，因为与联合航空公司的枢纽辐射式航线网络相比，其点对点的航线网络系统更能节省廉价航空服务的成本。

·智能手机市场中的小米公司。2010年，小米公司进入了大牌云集的中国智能手机市场，与苹果、三星和华为同台竞争。短短三年时间，小米迅速超越了iPhone在中国的地位，占据了5%的市场份额。小米公司的成功之路与其他所有智能手机生产商的截然不同：首先，小米公

第九章 永不言败

司用心凝聚起一支热爱智能手机技术的忠实粉丝队伍。知道这些用户热衷于对智能手机的功能和可用性发表评价，小米公司便根据他们的建议不断调整其安卓系统版本并每周公布最新进展，借此来提升用户的忠诚度。在作出整改后，小米公司还会通知提出相关建议的用户，给予他们强烈的成就感和归属感，促使他们向身边的同学、朋友、室友等宣传小米。借此，小米公司建立了良好的口碑，建立了强大的营销渠道。总而言之，是归属感让小米的用户成为它的忠实粉丝。一项调查研究发现，小米的用户参与度大约是其他手机用户参与度的两倍。

其次，与其他智能手机生产商不同，小米公司只在自己的网站上销售产品，同时鼓励粉丝们互动、交流想法、提出建议。小米公司还在该网站上提供它自有的移动应用程序和游戏软件、彩色电池、手机壳、帽子等配件，甚至公司吉祥物米兔的玩偶。

最后，当其他智能手机生产商在努力通过卖手机赚钱时，小米公司却以近乎成本的价格出售其高配智能手机，吸引忠实粉丝，然后通过向他们销售游戏、服务和一系列产品来获取利润。2013年，小米公司在中国市场卖出了2000万部智能手机，收入达到了52亿美元。其用户创造的超过10亿次的应用程序下载量，使付费应用程序、游戏、广告和其他收费服务成了小米公司重要的收入来源。小米公司的目标是构建一个能支撑起无数忠实客户踊跃参与的生态系统。2014年，小米公司开始拓展中国以外的市场。2021年第二季度，小米公司以17%的市场份额超过苹果公司，成为全球第二大智能手机销售商。

·个人电脑市场中的戴尔公司。1984年，个人电脑市场非常大，其中有很多大牌参与者，包括IBM公司、惠普公司和康柏公司等。它们都通过电子产品零售渠道销售产品，其产品配置也都是给定的。由于零售空间有限，个人电脑公司都想为自己的产品争取更大的展示空间。可是零售店将大部分空间给了IBM公司、惠普公司和康柏公司，没有几家愿意为一个没有销量的新品牌腾地方。戴尔公司在进入市场时则反其道而行：何不干脆省去零售空间？戴尔公司放弃了将自己的产品配置呈现出来供人选购，而是选择让客户指定自己的偏好配置，然后将成品直接送到客户手中。IBM公司、惠普公司和康柏公司的商业模式是存货生产，而戴尔公司的商业模式则是接单生产，支撑两种模式高效运转所需的生态系统和核心能力完全不同。从生产的角度来看，存货生产模式需要高效的计划生产，而接单生产模式则需要高效灵活的生产能力。存货生产模式从全球采购组件，并使用价值成本比作为选择指标；接单生产模式则从附近的供应商那里采购组件，并以灵活的周转时间为选择指标。存货生产模式通过零售渠道销售产品，而接单生产模式进行的则是一对一直销。两种模式的营销和分销成本也有很大差异：存货生产模式的主要成本在于渠道加价，而接单生产模式的主要成本在于直接获取客户。

上述案例中的后来者都是运用逆向思维创造出了让在位企业无法招架的子产品类别。赛文公司在复印机的产品设计、商业模式和定价上运用了逆向思维；西南航空公司在服务和后台支撑系统的构建上运用了逆向思维；小米公司在智能手机的用户体验和商业模式上运用了逆向思维；戴尔公司在客户购买体验和后台供应链的构建上运用了逆向思维。重点在于，后来者可以通过逆向思维在有悖于在位企业生态系统的环境中开发一个子产品类别，并趁着在位企业苦苦思索有效对策时，建立起自己在子类别中的地位。

由于开发子类别的逆向思维与主流市场的主导理念相冲突，所以后来者能够成功占领利基市场。而后，如何利用这一成功向主流市场扩张将成为后来者面临的一大挑战。如果市场环境保持稳定，那么在位企业的生态系统会帮助它们在主流市场中更具竞争优势。此时，后来者一旦沉不住气，试图向主流市场扩张，就会败下阵来。因此，后来者一定要利用成功进入市场的机会来建立一个强大的生态系统，保住自己在子类别市场中的先发优势，同时紧盯市场动态，寻找扩张时机。后来者在获得初步成功后常会错误地一味进行扩张，忽略了要用强大的生态系统来巩固其子类别产品的地位，最终令自己失去在子类别上的先发优势和在主流市场确立地位的机会。

1981年，美国人民捷运航空公司（People Express，以下简称"人民捷运"）效仿西南航空公司的策略，在美国东北部的主要城市间提供廉价航空服务。人民捷运成立7个月后就盈利了——收入800万美元，利润50万美元，并且其收益在20世纪80年代初期持续增长。1986年，人民捷运宣布计划从一家廉价航空公司转变为全服务航空公司，以便吸引大型企业的商务旅客。它收购了一些陷入困境的全服务航空公司，获得了支持它们服务的枢纽辐射式航线网络系统。不过，人民捷运没能及时建设好足以支撑其服务的枢纽辐射式航线网络系统，而且在提供全方位航空服务方面也无法与大型航空公司匹敌，因此在1988年彻底解散。

TMC也犯了同样的错误。TMC运用逆向思维推出了一款珠宝手机，并在短短两年内占据了8%的中国手机市场份额。之后，董事会计划让TMC在几年内取代爱立信，成为中国第三大手机供应商。为了实现这个目标，TMC不得不进入中国一线城市市场，面对更复杂的买家和他们对手机功能和制造技术的更高要求。最终，TMC失去了在中国手机市场中的地位。

赛文公司坚持在其商业模式下构建生态系统，巩固自己在中小企业中的地位。它从未尝试与施乐公司直接竞争，而是稳稳地做着利基市场的强者，同时还利用现有技术开发传真机向企业和个人出售，并以此实现扩张。

戴尔公司曾经想利用渠道销售来实现进一步发展，但它很快就意识到，这样做会把公司推到别家主场上直面竞争，于是放弃了这个想法，开始专心构建自己的接单生产模式。最终，互联网的兴起使戴尔公司通过网上购物平台发展壮大。

利用拐点

如果外部市场环境保持不变，一家在位企业会用行之有效的策略来维持自己的市场主导地位。之所以会这样，一是因为实施特定的策略能让在位企业积累资产，完善组织结构，增强有助于提高策略执行效率的能力；二是因为在一个稳定的市场环境中，行之有效的策略不仅更稳妥，而且更能有效助推企业成功，还能巩固在位企业在市场上的地位。

持续增强品类属性的关键驱动因素会导致收益递减。根据马斯洛的需求理论，人们当前层次的需求得到满足后，就开始渴求更高层次需求的满足。推动更高层次需求的关键驱动因素可能与推动较低层次需求的关键驱动因素不同，这可能会为在同一产品类别中竞争的在位企业带来一个拐点。能够适应变化并改进关键品类属性的在位企业有可能进入新的发展阶段，而错过或没能力抓住这个机会的企业就会失去竞争力并开始衰落，如图9-1所示。

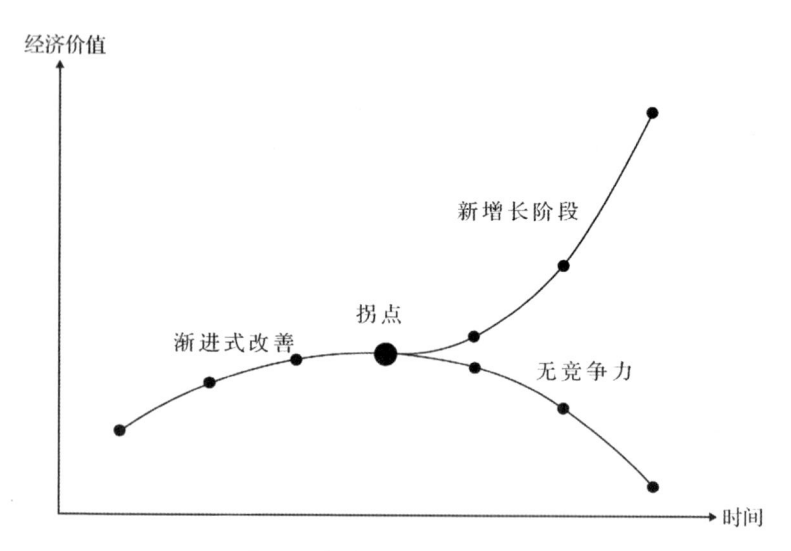

图9-1 推动需求的机会和拐点

这被称为一个自然拐点,因为在进行从 1 到 N 的产品扩张过程中遇到收益递减以及人们渴求满足更高层次需求时,该拐点会自然出现。随着持续增强品类属性所导致的收益递减以及人们的需求层次上移,自然拐点会在从 1 到 N 的产品类别扩张中多次出现。

除了自然拐点,外部事件也会带来其他拐点:技术进步、人口结构的变化、基础设施的变化、其他行业的变化、政府政策的变化以及全球事件引发的宏观趋势变动,如绿色倡议、疫情和地缘政治等。这些外部事件能创造一种趋势,导致一家公司、一个行业乃至全球经济的进程发生具有颠覆性的变化,甚至改变人们的偏好,或带来让产品升值十倍的新契机。这些因外部事件而产生的拐点被称为外生拐点。

无论是自然拐点还是外生拐点，都会呈现出前所未有的新情况，而这就有可能抵消在位企业的先发优势。以下是三种可能出现的结果：第一种，在位企业能够适应新情况，成功度过拐点，同时创造新的发展机会，维持其市场主导地位；第二种，现有竞争者重新洗牌；第三种，外来者进入市场并确立强大的地位，甚至主导市场。因此，后来者与在位的小企业只要有足以在市场中掀起波澜的核心竞争力和资产，那么它们遇到自然或外生拐点，就相当于遇到了良机。

以下行业案例展示了在位企业应对拐点和后来者利用拐点成功进入市场的做法，其中一些后来者甚至超过了在位企业，刷新了市场地位排行榜。

・剃须刀行业。吉列早期推出的是单层刀片剃须刀，并努力通过让产品更安全、好用、易更换来实现其价值主张。但当提升单刀片剃须刀的安全性导致收益递减，消费者渴望更高效的剃须体验时，刀片质量成了满足这一更高层次需求的关键驱动因素。吉列为此推出了碳钢刀片。

当刀片质量改进带来的收益也开始递减，消费者渴望更顺滑、更干净的剃须体验时，多刀片剃须刀就成了关键驱动因素。于是，吉列发明了双层剃须刀来满足这一更高层次的需求。即使后来比克公司带着一次性剃须刀进入了市场，并站稳了脚跟，吉列仍然很快地建立起了自己在一次性剃须刀上的地位。

当多刀片剃须刀带来的收益又开始递减，消费者渴望剃须成为个人护理的一部分时，包含剃须产品的个人护理套装与其便捷性成了关键驱动因素。哈利公司和美元剃须俱乐部进入市场后，带来了剃须刀与相关的护理和美容产品，并定期将产品套装直接送到顾客手中。这两个新成员导致吉列的市场份额从2016年的70%急剧下降到2019年的52%。吉列至今也没有找到有效的应对措施。

· 手机行业。手机满足了人们随时随地进行通话的需要。实现这一价值主张所需的移动系统要具备两个基础设施：有基站和交换机位置的蜂窝系统，以及手持和车载的移动终端。

20世纪90年代后期，人们开始用电子邮件沟通，商业人士更希望能随时随地查看电子邮件。为此，手机需要增设访问电子邮箱的功能。这是黑莓手机作为后来者进入市场的一个拐点。

当满足了人们的沟通需求后，手机又被希望能像迷你掌上电脑一样用于管理日常活动，于是就进化成了智能手机。推动实现这一步的关键驱动因素是更加强大的操作系统。随后，iPhone就带着这样的操作系统iOS颠覆了智能手机市场。

· 美国汽车行业。在20世纪初的美国，50%的汽车

第九章　永不言败

是蒸汽汽车，35%是电动汽车，剩下的15%是汽油车。当人们在世界各地发现油田时，第一个拐点出现了。石油公司纷纷开始在城镇内部、在城镇之间的公路两侧建设加油站，完善汽油生态系统设施。汽油车后发制人，主导了美国汽车市场。

福特汽车公司发明了生产线的概念，构建了一个可实现规模经济的生产流程，并在20世纪的第一个十年发展成了美国最大的汽车公司。威廉·杜兰特收购了众多汽车公司，并在此基础上成立了通用汽车公司，但没能整合不同的生产线来实现规模经济，所以到了1920年，通用汽车公司濒临破产。由于汽车被视为一种能彰显车主社会地位的资产，人们便向往更高层次的价值主张——为处于不同经济和社会阶层的人群提供不同的车型，而拥有着众多生产线的通用汽车公司，正好完美地满足了实现更高层次价值主张的需求。通用汽车公司的新任董事长兼首席执行官——阿尔费雷德·斯隆推出了一项策略：建立不同的汽车品牌，帮助消费者凭借其汽车的品牌获得身份认同。20世纪20年代末，通用汽车公司超越了福特，成为美国汽车市场中最大的汽车公司。

第二次世界大战后，美国汽车行业迅猛发展。随着公路系统的完善和经济的繁荣，多数美国家庭都拥有了汽车。城市在进行规划和发展时默认每家每户都有汽车，于是就把街道和公路铺设得比欧洲和日本更宽、更好。另外，美国大部分地区地势开阔，公路大多笔直平坦；而欧洲和日本有许多山区，道路往往蜿蜒起伏。再加上美国的汽油价格比欧洲和日本的低很多，所以从20世纪50年代到20世纪60年代，美国的多数车主更喜欢马力大、乘坐舒适的大型汽车，而并不注重燃油的经济性和汽车的易驾性。到了20世纪70年代，美国制造的多数汽车体积大、耗油、悬架软、舒适，但易驾性差。相比之下，欧洲汽车更紧凑、比较省油、悬架结实、易驾性好，日本汽车则更小巧、更省油、质量可靠、易驾性出色。

1973年，一个重大的外部事件在美国汽车行业创造了一个拐点。这年10月，石油输出国组织（OPEC）成员宣布石油禁运，第一次石油危机爆发，从此油价猛涨，每个加油站都有人们排起的长队，燃油经济性一时间成了车辆购买的关键驱动因素。于是，来自欧洲和日本的进口车开始进入美国汽车市场，其易驾性和可靠性刷新了美国消费者的驾驶体验。到了1980年，欧洲和日本汽车在美国汽车市场中占据了很大的份额。

20世纪70年代，人们日渐增强的环保意识推动了美国《清洁空气法》（*Clean Air Act of* 1970）的颁布。该法案批准了美国联邦及州进行综合治理，限制固定（工业）源和移动源的排放。这是汽车行业的一个拐点。为达到治理标准，所有汽车生产商都投资研发了一种催化式排气净化器，该装置能通过催化氧化还原反应将内燃机废气

第九章　永不言败

中的有毒气体和污染物转化为毒性较小的物质。行业预计该项目需要到1978年才能让所有汽车公司都达到法案要求的标准。1973年，本田公司首次推出了它的CVCC发动机。该发动机能使燃料燃烧得更充分，并且不需要催化式排气净化器或无铅燃料，就能满足美国国家环境保护局1975年制定的碳氢化合物和一氧化碳排放标准。石油危机和排放标准帮了本田公司一把，使它这个汽车市场的后来者借助CVCC发动机在美国建立起了强大的地位。如今的绿色倡议，在世界汽车行业中制造了一个拐点。

在稳定的市场环境运用逆向思维的关键，是创建一个与在位企业生态系统相悖的生态系统，而拐点中的机会就是在强大的外部力量冲击在位企业生态系统时出现的。能用好这些外部力量的企业，就有机会成为赢家。如果你预见到技术发展趋势可能很快为产品带来一个拐点，你就可以运用逆向思维在市场上占据一个能御风而上的好位置，等待拐点的到来。正是看到了数字录像和数字电视机行业的技术发展风向，网飞公司才运用了逆向思维，借势在电影租赁市场上建立了利基地位。当数字电视机开始逐步取代CRT电视机时，网飞公司趁机在电影租赁市场出现的拐点中颠覆了市场。戴尔公司同样也是用这套"组合拳"颠覆了个人电脑市场。

利用你的优势

一家在位企业可能会因为忽视某些提供不了充足回报的细分市场，从而无法成为这些市场中的强者。后来者可以在这些细分市场中运用逆向思维，为自己确立利基地位。在位企业在一些细分市场中表现不佳，还可能是因为其不了解那些市场的商业环境。如果一个后来者更清楚某一细分市场的商业环境，那它就能进入其中并建立强大的市场地位。

1994年成立的亚马逊和1995年成立的易贝网都是成功的B2C网上零售企业。2002年，易贝网通过全资控股中国最大的拍卖公司——易趣公司——进入了中国市场。2004年，亚马逊通过收购中国一家大型网上零售商——卓越公司——进入了中国市场。易贝网和亚马逊都将其在美国使用的商业模式略作本地化调整后继续在中国使用。

京东在1998年刚成立时是一家位于北京的电子产品零售公司。阿里巴巴在1999年刚成立时是一个帮助全世界的公司在中国寻找供应商的B2B网上平台。2003年，中国暴发非典疫情。在随之而来的拐点中，京东和阿里巴巴都顺应形势做出了调整，建立了销售日常必需品的B2C网上平台。这两家公司比易贝网和亚马逊更了解中国的文化和商业环境，所以它们各自利用自己的优势构建起一个强大的生态系统，来支撑自身的B2C网上零售业务。京

第九章　永不言败

东建立了自营配送链，阿里巴巴则建立了在线支付系统。最后，阿里巴巴和京东成了中国最大的B2C网上零售商，易贝网和亚马逊则退出了中国市场。

微软的Windows操作系统曾是在个人电脑市场中占主导地位的操作系统。在寻求市场扩张时，微软理所当然地想到了向智能手机市场渗透，于2003年推出了面向新兴智能手机设备的Windows Mobile操作系统。在智能化以前，手机的主要作用是通话，所需的操作系统也比较简单，所有手机生产商都开发了自己的操作系统。随着对非通话类功能需求的增多，人们渴望拥有一种既能通话也能支持许多其他应用的手持设备。于是，手机演化出了一个新的产品类别：需要复杂操作系统的智能手机。此时，所有智能手机生产商的前身都是习惯了开发自己的操作系统的非智能手机生产商，它们并不熟悉如何获取第三方操作系统。由于没有软件开发的能力，三家大型手机公司——诺基亚、摩托罗拉和爱立信——在1998年与宝意昂公司共同成立了一家合资公司，并面向所有智能手机生产商开发了塞班系统。微软则按照向个人电脑行业推广Windows操作系统的商业模式，开始向智能手机公司推广Windows Mobile操作系统。然而智能手机的生产商与个人电脑的生产商不同，它们都习惯于独立开发操作系统。因此，面对塞班系统的激烈竞争，Windows Mobile操作系统在智能手机市场扩张缓慢。

苹果原本是一家拥有自己操作系统的个人电脑公司。后来，它利用这一操作系统优势生产出了自己的智能手机，进入了智能手机市场。谷歌则利用其广告业务优势，为所有智能手机生产商免费提供安卓系统操作系统，进入了智能手机市场。安卓系统允许智能手机生产商对其进行细化和完善，使他们感觉像拥有了自己的操作系统一样。很快，安卓系统就超越了 Windows Mobile 操作系统，成为除苹果外的所有智能手机生产商都在用的操作系统平台。后来，取代 Windows Mobile 操作系统的 Windows Phone 也于 2017 年退出了操作系统舞台。

先发者与后来者

在营销文献中，产品的先发优势被定义为：通过先占领一个重要细分市场所获得的竞争优势。先发优势能使企业有力地提升品牌知名度、客户忠诚度，建立能阻碍后来者进入细分市场的强大生态系统。有些人会混淆一个产品类别中的先发产品和先发者，例如，Altair 8800 是第一台个人电脑，而 Apple II 才是个人电脑这一产品类别中的先发者，但 Apple II 并没有在个人电脑类别中取得成功，反而是联想、惠普和戴尔这样的后来者成了世界个人电脑市场的主导者。纵观历史，后来者在某一产品类别中成功的案例数不胜数。表 9-1 总结了一些科技领域的案例。在先发者即将建立市场地位时进入市场的为跟随者，而在先发者已经建立起强大的市场地位后进入市场的为后来者。

表9-1 先发者、跟随者/后来者的优势

产品	先发者	跟随者/后来者	赢家
网络搜索引擎	雅虎	谷歌	谷歌
社交平台	聚友网	脸书	脸书
图形化操作系统	苹果	微软	微软
共享出行	优步	来福打车	优步
折扣店	凯马特	沃尔玛	沃尔玛
电商	亚马逊	阿里巴巴	亚马逊、阿里巴巴
智能手机	苹果	三星、华为、小米	三星、华为、苹果

需要注意的是，先发者不一定会像营销文献中那样具有先发优势，所以贸然在一个类别中推出先发产品是不明智的。在所有新产品类别中都只有一个先发者，但会有很多后来者，所以产品经理在管理后发产品时一定要有正确的思维、足够的能力与合适的技能。记住，虽说任何时候进入一个产品类别市场都不算迟，但你得先知道该怎样进入才行。

讨论问题：

1. 谷歌是如何成为网络广告平台的后来者的？

2. 在进入一个成熟市场时，后来者运用逆向思维有何风险？如何将这一风险最小化？

3. 对于一家在位企业来讲，自然拐点和外生拐点哪个带来的风险比机会多？在位企业在面对此类拐点时该做好哪些准备？

4. Windows、iOS 和安卓系统是三大主要操作系统。Windows 主导个人电脑市场，而 iOS 和安卓系统主导智能手机市场。会有另一种操作系统出现在其他细分市场吗？如果有，会在哪个细分市场？谁又会成为这一新细分市场中有望成功的后来者？

5. 产品经理应该具备什么思维才能管理好一种后发产品？产品经理需要提升哪些能力和技能来成功管理后发产品？

6. 选择一个你喜欢的成熟市场。如果你有机会进入这个市场，作为后来者的你将如何取得成功？

参考文献

本书中的案例引自图书内容、商业期刊和管理学期刊的文章、多所高校作为工商管理课程讨论之用的案例研究、维基百科、与案例相关的网站,以及与案例中所涉人士的私下交流。本书所援引的图书、文章和案例研究列举如下:

[1] Steve Blank.What Drones and Crop Dusters Can Teach About Minimum Viable Product[J].*Harvard Business Review*,2014(2).

[2] Steve Blank.Why the Lean Start-up Changes Everything[J].*Harvard Business Review*,2013(5).

[3] Paul Carol.*Big Blues: The Unmaking of IBM*[M].Three Rivers Press,1994.

[4] 亚历山大·切尔内夫.吉列锋隐系列剃须刀:打造价值10亿美元的品牌.美国西北大学凯洛格商学院案例研究,2009,11.

[5] 托马斯·R.艾森曼,迈克尔·保,劳伦·巴利.Dropbox:它真的好用.哈佛大学商学院案例研究,

9-811-065，2014，10.

[6]Walter Isaacson.*Steve Jobs*[M].Simon & Schuster，2011.

[7]哈伊姆·门德尔松.爱彼迎：最初的五年.斯坦福大学商学院案例研究，2018，10.

[8]Brian Merchant.The One Device：*The Secret History of the iPhone*[M].Back Bay Books，2018.

[9]罗镛均，谢德荪.关于三星电子公司的案例研究.斯坦福大学管理科学与工程系案例研究，2009，10.

[10]马特·绍塞多，丽玛·沙阿，豪伊·罗森，等.Aerobotics公司.斯坦福大学商学院案例研究，2018，11.

[11]Herbert Simon.The Science of Design：Creating the Artificial[J].*Design Issues*，4（1）（2）.Special Issue：Designing the Immaterial Society，1988.

[12]谢德荪."抢眼点－支撑"动态交互：缔造和塑造创新的框架.佐治亚州亚特兰大市亚特兰大竞争优

势大会，2007，6.

[13] 谢德荪.移动通信业务的历史发展.斯坦福大学管理科学与工程系案例研究，2003，9.

[14] 谢德荪.IBM 的兴衰.斯坦福大学管理科学与工程系案例研究，2021，3.

[15] 谢德荪.后发优势.斯坦福大学管理科学与工程系案例研究，2008，3.

[16] 谢德荪，乔纳森·贵.腾讯：从即时通信到跻身最具价值的科技公司.斯坦福大学管理科学与工程系案例研究，2020，6.

[17] Thomas J.Watson, Peter Petre.*Father, Son & Co.: My life at IBM and Beyond*[M].Bantam，1990.

[18] 戴维·B.约菲，迈克尔·斯林德.苹果公司的2008年.哈佛大学商学院案例研究，9-708-480，2008，9.

参考书目

市面上有很多论述产品管理的优秀图书。我在此整理了一个书目,这些图书涵盖了产品管理中的诸多实用面,也对我在本书中所论述的、成功的产品管理所依据的理论基础起到了补充的作用。每一本书的副标题基本上概括了该书所关注的主题。

[1]David Allen.*Getting Things Done: The Art of Stress-Free Productivity*[M].Penguin Books,2015.

[2]Josh Anon,Carlos González de Villaumbrosia.*The Product Book: How to Become a Great Product Manager*[M].Product School,2017.

[3]Richard Banfield,Martin Eriksson,Nate Walkingshaw.*Product Leadership: How Top Managers Launch Awesome Products and Build Successful Teams*[M].O'Reilly Media,2017.

[4]Marty Cagan.*Inspired: How to Create Tech Products Customers Love*[M].Wiley,2017.

[5]Marty Cagan,Chris Jones.*Empowered:*

Ordinary People, Extraordinary Products[M]. Wiley, 2020.

[6]Clayton M.Christensen.*The Innovator's Dilemma: When New Technologies Cause Great Firms to Fail*[M].Harvard Business Review Press, 2016.

[7]Clayton M. Christensen, Michael E. Raynor. *The Innovator's Solution: Creating and Sustaining Successful Growth*[M].Harvard Business Review Press, 2013.

[8]Jim Dethmer, Diana Chapman, Kaley Klemp. *The 15 Commitments of Conscious Leadership: A New Paradigm for Sustainable Success*[M]. Dethmer, Chapman & Klemp, 2015.

[9]David H.DeWolf, Jessica S.Hall.*The Product Mindset: Succeed in the Digital Economy by Changing the Way Your Organization Thinks*[M]. Lioncrest Publishing, 2019.

[10]Nir Eyal.*Hooked: How to Build Habit-Forming Products*[M].Penguin Books, 2014.

[11]Roger Fisher, William L.Ury.*Getting to Yes: Negotiating Agreement Without Giving In*[M].Penguin Publishing Group,2011.

[12]Chip Heath, Dan Heath.*Made to Stick: Why Some Ideas Survive and Others Die*[M].Random House,2007.

[13]Ben Horowitz.*The Hard Thing About Hard Things: Building a Business When There Are No Easy Answers*[M].Harper Business,2014.

[14]Ben Horowitz.*What You Do Is Who You Are:How to Create Your Business Culture*[M].Harper Business,2019.

[15]Walter Isaacson.*Steve Jobs*[M].Simon & Schuster,2011.

[16]Bernadette Jiwa.*Meaningful: The Story of Ideas That Fly*[M].Perceptive Press,2015.

[17]Daniel Kahneman.*Thinking, Fast and Slow*[M].Farrar, Straus and Giroux,2011.

[18]Jake Knapp,John Zeratsky,Braden Kowitz .*Sprint:How to Solve Big Problem*

and Test New Ideas in Just Five Days[M]. Simon&Schuster,2016.

[19]Matt LeMay.Product management in Practice:A Practical,Tactical Guide for Your First Day and Every Day After[M].O'Reilly Media,2022.

[20]Steven Levy.In the Plex:How Google Thinks,Works,and Shapes Our Lives[M]. Simon&Schuster,2011.

[21]Gayle Laakmann McDowell,Jackie Bavaro.Cracking the PM Interview: How to Land a Product Manager Job in Technology[M]. CareerCup,2013.

[22]Brian Merchant.The One Device: The Secret History of the iPhone[M].Back Bay Books,2018.

[23]Geoffrey A.Moore.Crossing the Chasm:Marketing and Selling Disruptive Products to Mainstream Customers[M].Harper Business,2014.

[24]Dan Olsen.*The Lean Product Playbook:How to Innovate with Minimum Viable Products and Rapid Customer Feedback*[M].Wiley,2015.

[25]Al Ries,Jack Trout.*Positioning: The Battle for Your Mind*[M].McGraw Hill,2001.

[26]Eric Ries.*The Lean Start up: How Today's Entrepreneurs Use Continuous Innovation to Create Radically Successful Business*[M].Crown Currency,2011.

[27]Peter Thiel,Black Masters.*Zero to One: Notes on Startups,or How to Build the Future*[M].Crown Currency,2014.

[28]Teresa Torres.*Continuous Discovery Habits: Discover Products that Create Customer Value and Business Value*[M].Product Talk LLC,2021.

[29]Ximena Vengoechea.*Listen Like You Mean It: Reclaiming the Lost Art of True Connection*[M].Portfolio,2021.

[30]Julie Zhuo. *The Making of a Manager: What to Do When Everyone Looks to You*[M]. Portfolio, 2019.

《产品管理与重塑:新思维引发的市场》
编委会

谢德荪,张力军,张晓芬,王淳,刘倩